PASSAPORTE PARA O
FUTURO
SUA CARREIRA E SEUS NEGÓCIOS NO MUNDO EM RECONFIGURAÇÃO

CÉSAR SOUZA

PASSAPORTE PARA O FUTURO

SUA CARREIRA E SEUS NEGÓCIOS NO MUNDO EM RECONFIGURAÇÃO

1ª edição

best.
business
RIO DE JANEIRO – 2022

CIP-BRASIL. CATALOGAÇÃO NA PUBLICAÇÃO
SINDICATO NACIONAL DOS EDITORES DE LIVROS, RJ

S714p   Souza, César
          Passaporte para o futuro: sua carreira e seus negócios no mundo em reconfiguração / César Souza. - 1. ed. - Rio de Janeiro: Best Business, 2022.

          Inclui bibliografia
          ISBN 978-65-5670-025-0

          1. Administração de empresas. 2. Desenvolvimento organizacional. 3. Conduta. 4. Sucesso nos negócios. I. Título.

22-79078   CDD: 650.1
                                                                                        CDU: 005.336

Meri Gleice Rodrigues de Souza - Bibliotecária - CRB-7/6439

Copyright © César Souza, 2022

Este livro é baseado na obra anterior do mesmo autor, *A neoempresa: o futuro da sua carreira e dos negócios no mundo em reconfiguração*, de 2012.

Todos os direitos reservados. Proibida a reprodução, armazenamento ou transmissão de partes deste livro, através de quaisquer meios, sem prévia autorização por escrito.

Texto revisado segundo o **novo** Acordo Ortográfico da Língua Portuguesa de 1990.

Direitos exclusivos desta edição adquiridos pela Best Business,
um selo da Editora Best Seller Ltda.
Rua Argentina, 171 - 20921-380 - Rio de Janeiro, RJ - Tel.: (21) 2585-2000.

Impresso no Brasil

ISBN 978-65-5670-025-0

Seja um leitor preferencial Record.
Cadastre-se em www.record.com.br
e receba informações sobre nossos
lançamentos e nossas promoções.

Atendimento e venda direta ao leitor:
sac@record.com.br

Roteiro

Declaração do autor • 7

Introdução: A lâmpada não é a evolução da vela! • 9

Primeiro ato: A dor de mudar a forma de pensar • 19
1. Nada do que for será como antes • 21
2. O mundo em transe • 43
3. A era do intangível • 67
4. Soprando as mais de 100 velinhas do management • 83
5. A nova era do management • 103

Segundo ato: Um trem-bala na montanha-russa • 109
6. A empresa que o momento exige • 111
7. Sonho: a primeira etapa da estratégia • 123
8. O cliente no centro de tudo • 139
9. Pessoas tratadas como pessoas, não como cargos • 157
10. O poder do propósito: sem significado, resultados perdem valor • 179
11. Mais peças do quebra-cabeça: estrutura, parceiros, tecnologia e a inovação como pilar da cultura • 191
12. Cultura: o ativo (ou passivo) que não aparece no balanço das empresas • 219

Breve intervalo: Ajustes nos bastidores da empresa • 235

Terceiro ato: O renascimento do líder • 243

13. Solte suas amarras: liberte-se dos mitos sobre liderança • 245

14. As cinco forças do líder que o momento exige • 255

Ato final: A hora é agora! Construa o seu passaporte para o futuro! • 269

Conclusão: Leitor, o próximo passo quem dá é você • 287

Dedicatória *in memoriam* • 289

Agradecimentos • 291

Notas • 293

Bibliografia • 311

Declaração do autor

A presente obra possui caráter ficcional. Toda e qualquer menção aos nomes dos pioneiros das teorias modernas do management citados na narrativa foram adicionadas ao enredo respeitando as teses de seus autores e exclusivamente no campo das ideias. A participação nominal deles na narrativa é sempre ficcional. Todos os direitos autorais das obras citadas foram preservados na forma da lei.

Introdução

A lâmpada não é a evolução da vela!

Sexta-feira, 11 de março de 2011. Às 14h46 de uma tarde de inverno, um tremor de 9 graus de magnitude na escala Richter devastou a costa nordeste do Japão.[1] Seu impacto, semelhante ao de 27 mil bombas atômicas, segundo o Observatório Sismológico da Universidade de Brasília, gerou um tsunami com ondas de até 10 metros de altura, que varreram a região. Nos locais mais afetados, as províncias de Miyagi, Iwate e Fukushima, barcos, carros e caminhões foram arrastados; casas, prédios e viadutos, destruídos. Pelas estimativas oficiais, divulgadas seis meses após a tragédia, passava de 20 mil o número de mortos e desaparecidos. Pesquisadores do Instituto Nacional de Geofísica e Vulcanologia (INGV) da Itália relataram que o terremoto foi violento a ponto de deslocar em cerca de 10 centímetros o eixo de rotação da Terra. Em consequência, os dias ficaram mais curtos neste planeta azul. Cada um passou a ter 1,8 microssegundo a menos. Uma alteração imperceptível para a maioria das pessoas. Mas com um efeito prático surpreendente: instrumentos de alta precisão, como os relógios suíços, já não são capazes de medir acuradamente as 24 horas do dia.

Essa não deve ter sido a única vez que o eixo de rotação da Terra foi afetado. O terremoto no Japão foi o sétimo mais intenso da história da humanidade. Certamente, em catástrofes anteriores, deslocamentos dessa proporção também devem ter ocorrido. A diferença é que as consequências desse tipo de evento agora podem ser avaliadas com maior exatidão.

Assim como o eixo de rotação da Terra mudou, o mundo empresarial também não é mais o mesmo. Os instrumentos gerenciais de que dispomos para medir essa nova realidade, a exemplo do relógio suíço, também já não são tão adequados, pois além das turbulências causadas pelas recentes revoluções tecnológicas, pela transformação digital e pela mudança nos valores e hábitos dos consumidores e da nova geração de pessoas que ingressam nas empresas, essa realidade foi e tem sido impactada brutalmente pela pandemia de covid-19.

O vírus e as suas variantes, de forma inesperada e indesejada, causaram, a partir do final de 2019, uma mortandade de vidas humanas — e no número de empresas e modelos de negócios — muito maior do que o terremoto e tsunami no Japão em 2011.

Os princípios e as ferramentas de gestão do management contemporâneo foram criados para um ambiente corporativo que ficou no passado. Portanto, estão se tornando imprecisos para a nova e mutante

PASSAPORTE PARA O FUTURO | 11

realidade. Eles não evoluíram tanto quanto deveriam e agora já não são tão eficazes, tendo em vista as profundas modificações impostas às empresas pelos novos tipos de clientes, pelas novas aspirações e valores das pessoas que nelas trabalham e pelo conjunto de novas expectativas das demais partes interessadas na vida de uma empresa — acionistas, parceiros, distribuidores, fornecedores, comunidades, formadores de opinião e órgãos regulatórios.

Uma diferença de 1,8 microssegundo talvez pareça pouco, que não fará tanta diferença e ainda nos será possível levar a vida desse jeito. Mas enquanto o assunto é tema de debates, alguns países já convencionaram ajustar os relógios em um segundo, de tempos em tempos, para fazer face às mudanças causadas pela natureza no eixo de rotação da Terra. Contudo, a obsolescência do management foi acelerada nos últimos dez anos, e é seguramente muito maior que esse desvio de cerca de 10 centímetros no eixo do planeta, com seu impacto de milésimos de segundos em nosso "dia de 24 horas" e de um minuto a cada setenta anos.

Você certamente já percebeu alguns dos sinais desse descompasso no universo empresarial:

1. Estratégias brilhantemente arquitetadas que mal conseguem sair do papel e raramente funcionam quando começam a ser implementadas.
2. Negócios tradicionais sendo destruídos da noite para o dia, devido a soluções disruptivas propostas por

startups ousadas e desafiadoras dos modelos antigos que possuem um prazo de validade já visível.

3. Novos hábitos de consumidores que estão migrando da filosofia da propriedade de bens e produtos para uma filosofia de acesso e uso, preferindo ser *"asset light"*.

4. Clientes insatisfeitos, com expectativas frustradas devido à baixa qualidade do atendimento na "hora da verdade", quando compram ou usam os produtos e serviços amplamente anunciados.

5. Pessoas infelizes por não conseguirem desenvolver seu potencial nas empresas e pela falta de significado do dia a dia do trabalho em suas vidas.

6. Pessoas que demandam um modelo de trabalho muito mais híbrido, exigindo pelo menos parcialmente o home office, experimentado à força durante a pandemia devido às regras de distanciamento social.

7. Parceiros e sócios desconfiados, negociando na base de medos e receios.

8. Acionistas apreensivos pelos riscos que não conseguem antever nem controlar.

9. Comunidades que não aceitam mais de forma passiva o impacto das empresas no seu cotidiano, no ambiente e na sociedade, engrossando o caldo das práticas do que se convencionou chamar de ESG — *Environmental, Social and Corporate Governance.*

10. Empresas engessadas em modelos de governança que não se adaptam aos jovens talentos, insistin-

do nos tradicionais planos de carreira, na surrada ideia da escada com vários degraus até chegar ao topo, enquanto esses jovens têm pressa e preferem subir bem mais rápido. Muitas vezes caem fora, movendo-se numa velocidade proporcional a suas competências, por não se identificarem com o propósito nem com os valores da empresa. Constituem o que passei a chamar de "ciganos corporativos".

Essas situações têm um denominador comum: as práticas de gestão ainda presas a princípios da era industrial, com dogmas e paradigmas que precisam ser questionados e reinventados.

Estamos dirigindo nossas empresas de olho no espelho retrovisor, guiando-nos, como sugeriu o renomado consultor norte-americano Gary Hamel, por princípios de management concebidos por alguns gurus e profissionais nascidos no século XIX, praticados no XX e que não se ajustam mais ao contexto em que vivemos, em pleno século XXI.[2]

Mesmo atravessando esta era de mudanças radicais no desenvolvimento do conhecimento humano e de revoluções tecnológicas em vários campos, como a biologia, a medicina, a informática, a comunicação, as telecomunicações, a inteligência artificial, a internet das coisas, o metaverso etc., é necessário fazer um esforço imenso para nos lembrar de conceitos realmente inovadores que surgiram no management nas duas últimas décadas.

14 | CÉSAR SOUZA

Depois de sua criação, no início do século XX, o management deu um salto logo após a Segunda Guerra Mundial e mais um nas décadas de 1970 e 1980. Desde então, o que tem proliferado bastante são as ferramentas, o "como fazer". As formulações conceituais de fato inovadoras, assim como as práticas gerenciais realmente pioneiras, têm sido raras e isoladas.

Tão grave quanto a escassez de abordagens novas e eficazes é constatar que mesmo as novidades que foram propostas ou não são do conhecimento da maioria das empresas, ou não têm sido colocadas em prática com a profundidade merecida. A maioria prefere o lugar-comum do já conhecido e continua tentando aperfeiçoar as técnicas e ferramentas usadas no passado.

Uma situação que bem ilustra esse impasse é a convivência das empresas tradicionais com as startups. Às vezes tenho a sensação de que habitam em planetas diferentes, que as tradicionais são de Marte e as startups são de Vênus. Sempre procuro construir uma ponte entre esses dois mundos, formatando *hubs* de inovação fora da estrutura das empresas tradicionais, pois me parece muito claro que uma semente novinha não frutifica à sombra de uma árvore frondosa.

Precisamos evoluir, dando um passo além. Isso significa praticar mais, de fato e não apenas na retórica, o que já existe de novo, formular os paradigmas do management do século XXI, visualizar as características diferenciadoras do tipo de empresa e do perfil do líder que este momento mutante está a exigir.

Antes, porém, é preciso compreender que o computador não é a evolução da máquina de escrever! Ou melhor, como nos ensinou, de forma genial, o saudoso publicitário Julio Ribeiro, "a lâmpada não é a evolução da vela".[3]

Não adianta apenas acomodar, tornar mais eficientes ou aperfeiçoar as ferramentas e os instrumentos de gestão disponíveis. Isso seria o equivalente, a partir do que existe hoje, a tentar desenvolver uma vela melhor para iluminar o caminho.

Já sabemos que determinados pilares são eternos na vida de uma empresa de sucesso, tais como:

1. Uma estratégia bem definida e um processo disciplinado de planejamento e execução.
2. Líderes inspiradores e equipes motivadas e integradas.
3. Clientes encantados e fiéis à marca.
4. Resultados explícitos e coerentes entre si, que garantam a sobrevivência e o investimento necessário para o desenvolvimento saudável do negócio.
5. Parceiros e fornecedores eficientes.
6. Uma estrutura organizacional adequada e ágil no processo decisório.
7. Um clima organizacional produtivo e inovador.
8. Prioridades claramente definidas.

Pois bem, a era do management nos ajudou a chegar até este ponto. O que precisamos agora, diante das novas circunstâncias e de clientes, pessoas e parceiros com novos sonhos e demandas, é repensar e enriquecer alguns de nossos princípios e dar o próximo passo, vislumbrando as características da empresa moderna que o momento exige.

Por exemplo, em vez de considerá-la o centro de gravidade do universo corporativo, como estamos acostumados a fazer, imagine essa espécie de *neoempresa* como uma entidade multicentrada, que gravita em torno de clientes, pessoas, acionistas, parceiros, investidores, comunidades e demais partes interessadas.

Precisamos construir empresas com diversas características que as diferenciem das empresas tradicionais do passado, principalmente pela capacidade de reinventar-se continuamente, criando uma cultura de inovação permanente em seus modelos de negócios e de gestão.

Até a década de 1980, ainda se dizia que "o segredo é a alma do negócio". Os publicitários venderam a ideia de que "a propaganda é a alma do negócio". Nos últimos anos, tenho afirmado que "a alma é a propaganda do negócio".[4]

Não podemos deixar de ousar, nem podemos correr o risco de nos perder por continuarmos resistindo à mudança, estacionados, na ilusão de estar caminhando, simplesmente porque o mundo vai passando por nós e nos deixando para trás.

Aliás, faz-se sábio aceitarmos o convite formulado pelas palavras atribuídas ao filósofo dinamarquês

Soren Kierkegaard (1813-1855): "Ousar é perder o equilíbrio momentaneamente. Não ousar é perder-se."

Uma nova era se descortina

Responda francamente: você e sua empresa estão preparados para ter sucesso nos dias que virão? Sua empresa possui líderes na quantidade e qualidade necessárias para ter sucesso em 2025? E na travessia rumo a 2030?

Se você quer começar a inventar o futuro, identificar algumas certezas estabelecidas que precisam ser desbancadas, ajudar a pensar as bases do que poderá vir a ser uma nova forma de pensar sobre os negócios, os modelos de gestão e a sua carreira, vire esta página e venha fazer parte dessa jornada.

Venha construir e carimbar o seu passaporte para o futuro!

César Souza
(cesarsouza@empreenda.net)
Dubai e Abu Dhabi, primavera de 2022

PRIMEIRO ATO

A dor de mudar a forma de pensar

1. Nada do que for será como antes

— Que o mundo tem mudado de maneira significativa não é segredo para ninguém. O que nem todos percebem é que nossas velhas fórmulas não funcionam mais. Estamos cheios de desafios, mas temos enfrentado dificuldades para executar nossas estratégias e aproveitar melhor as oportunidades que não estamos sabendo capturar.

Com essas palavras, o presidente da empresa onde trabalho como diretor comercial fez a abertura da nossa convenção anual, em um conhecido resort no litoral do Nordeste brasileiro. A intensa programação estava começando na noite daquela quinta-feira e se estenderia até a hora do almoço de sábado.

O presidente afirmou que a empresa tem alcançado um lucro até razoável, mas revelou que os acionistas estão apreensivos, pois precisam de resultados melhores para cobrir os prejuízos e os investimentos em outros países. Confessou que os clientes tradicionais apontaram um nível de satisfação menor que o apurado na última pesquisa, que a empresa perdera vários talentos para concorrentes, atraídos pela promessa de crescimento profissional no curto prazo e que começara uma disputa judicial contra nosso principal distribuidor.

Então fez uma pausa e, com a voz um pouco embargada, deixou escapar:

— Nos momentos de solidão, penso com os meus botões que, no fundo, no fundo, quem está no comando da nossa empresa não sou eu, nem vocês, mas sim algumas crenças e verdades que estão nos condicionando a um modelo de gestão que se tornou uma verdadeira camisa de força. Temos de questioná-las!

O presidente fez questão de elucidar que não queria estragar nosso jantar, que seria servido logo em seguida, nem a estadia naquela agradável localidade. Mas deixou claro que sabia que nossa empresa estava gerando um passivo ambiental e que vários diretores, com receio de levar bronca, tentavam esconder isso dele. Nosso líder também não se conformava com o fato de a empresa não estar promovendo um projeto relevante de responsabilidade social.

Na sequência, ele enfatizou que de modo nenhum sua intenção era nos assustar. Pretendia apenas compartilhar conosco suas preocupações e esperava contar com o melhor de cada um de nós para, juntos, encontrarmos o caminho em direção a um futuro mais promissor e feliz para todas as partes interessadas, elevando a empresa a um novo patamar de sucesso e sustentabilidade.

PASSAPORTE PARA O FUTURO | 23

Sua fala foi interrompida pelos aplausos, pela vocalização de apoio e até mesmo por alguns assovios e gritos de estímulo.

— Só posso afirmar que nada será como antes. Precisamos reinventar nossa empresa neste mundo em reconfiguração. O mundo do trabalho mudou desde que começou a pandemia. Novos concorrentes surgiram, startups aparecendo em tudo que é lado. Videoconferências todos os dias. Não está fácil! Não conheço consultor que possa nos ajudar a fazer essa virada. Peter Drucker, como todos sabem, já partiu deste mundo. Prahalad, também. Foram enormes perdas para o pensamento gerencial, especialmente nesta época de mudanças exponenciais. Mas confio em vocês para encontrarmos as novas bases sobre as quais deveremos assentar nossas decisões e comportamentos rumo ao caminho que precisamos trilhar. Precisamos construir uma espécie de "passaporte para o futuro", para garantir o nosso amanhã — concluiu, de forma enfática e motivacional.

Aplaudi, mas sentia algo estranho, que não conseguia definir. Estava surpreso, inquieto, mobilizado. Queria fazer algo, sem saber exatamente o quê. Logo pensei na minha área, em como aumentar o grau de satisfação dos clientes. A empresa havia decidido ampliar significativamente a sua base de consumidores. O sucesso das nossas iniciativas quase dobrou nossa fatia de mercado, deteriorando, contudo, nossa qualidade

24 | CÉSAR SOUZA

de atendimento. Além disso, havíamos conquistado clientes a partir de descontos significativos, o que, aliado à elevada inadimplência, acabou baixando nossa rentabilidade.

Estava preocupado com nossos distribuidores, alguns em pé de guerra conosco. Pensei também em concentrar esforços em nossos pontos de venda, pois eles começaram a exigir muito mais do que julgávamos adequado. Tentava sempre convencer o gerente de vendas, a mim subordinado, de que precisávamos conhecer os clientes em maior profundidade, mas ele sempre respondia, esfregando o dedo indicador direito na palma da mão esquerda:

— Estou há 20 anos neste mercado e conheço os clientes como a palma da minha mão.

Olhei ao redor para observar a reação da plateia ao discurso do chefe. As pessoas pareciam surpresas. Algumas não conseguiam esconder que estavam atônitas. Porém uma jovem destoava do conjunto. Sentada do meu lado direito na mesa redonda onde estávamos instalados, ela parecia bastante tranquila e confiante.

Primogênita dos quatro filhos de uma auxiliar de enfermagem e de um motorista, essa jovem cursou Administração em uma universidade pública enquanto trabalhava para ajudar nas despesas da família. Começou na empresa como *trainee* na área administrativa, logo após terminar sua graduação. Foi progredindo, destacando-se por seu desempenho, pela preocupação constante em estudar e se atualizar e pelo foco em re-

PASSAPORTE PARA O FUTURO | 25

sultado. Seu pensamento inovador era notado por toda a equipe. No ano anterior, aos 27 anos de idade, e após concluir um MBA, foi promovida a gerente financeira.

Os dois outros lugares da mesa eram ocupados pelo diretor de recursos humanos e pelo diretor de logística. Tenho diversas afinidades profissionais com o primeiro: nas horas de decisão, quase sempre assumíamos as mesmas posições. Quanto ao colega da logística, quase sempre nossas opiniões eram antagônicas. Reinava entre nós certa animosidade. Ambos os diretores pareciam concordar com os comentários do presidente, mas consideravam aquele assunto um desmancha-prazeres. Achavam que poderia ser tratado no dia seguinte e não naquele jantar de confraternização.

— Viajar três horas de avião, chegar aqui neste paraíso para começar a noite ouvindo esse tipo de coisa, francamente... — murmurava o diretor de logística, momentos depois de ter aplaudido o chefe e gritado: — Bravo!

Observei o presidente, que ainda estava no pódio, cercado pelos que sempre faziam questão de marcar presença e cumprimentá-lo. Aos 60 anos, ele é uma das estrelas do mundo empresarial. Assediado pela mídia, paparicado pelos subordinados, admirado por seus pares no restrito clube dos presidentes de empresas. No último evento de premiação do Fórum de Líderes Empresariais, destacou-se ao valorizar os talentos presentes, entre outras abordagens que sempre o mantêm em destaque.

26 | CÉSAR SOUZA

Admirador das artes, tem grande paixão pela ópera e pelo teatro.

Tristão e Isolda e *Hamlet* são suas obras favoritas. Não se cansa de vê-las toda vez que são encenadas, no local do mundo onde se encontrar. Assumiu o comando da empresa há quase dez anos, em um momento difícil, recrutado no mercado devido à sua atuação de destaque em outra companhia. Em cerca de quinze meses, promoveu uma virada que elevou a empresa a outro patamar. Mas agora se defronta com uma nova onda de desafios.

Na última reunião da diretoria, ele insinuou que ocupará por mais dois anos o atual cargo. Depois, deve ir para o conselho de administração da empresa e, a partir daí, pretende dedicar-se ao ensino, talvez escrever um livro e apoiar um empreendimento cultural, usando sua enorme capacidade de relacionamento social.

Em certa oportunidade, durante um momento descontraído, perguntei a ele qual o seu maior pesadelo. Deixou escapar que seria encerrar sua carreira com um fracasso no currículo. Parecia preocupado com o que chamou de "subdesempenho satisfatório" da empresa, ou seja, positivo, porém complacente por estar bem abaixo do real potencial de entrega de resultados.[1]

— Você já percebeu que as pessoas passam para a história não pelos acertos, mas pelos erros que cometem?

Havia um motivo a mais para a sua melancolia. Apesar do sucesso profissional, ele vivia um momento particularmente difícil na vida pessoal: estava se

PASSAPORTE PARA O FUTURO | 27

divorciando da esposa, com a qual vivera por quase trinta anos e tivera três filhos. O mais velho, formado em Engenharia e já casado, havia sido responsável por uma de suas maiores alegrias nos últimos tempos: o nascimento do netinho. Os outros dois, um rapaz e uma moça, ainda cursavam a faculdade e pareciam inseguros com a separação dos pais. Já o ouvira dizer, após duas doses de uísque em um coquetel empresarial, que estava "cansado de ser uma estrela brilhante no trabalho e uma lua minguante em casa".[2]

Lembro-me bem de quando, há cinco anos, fui entrevistado por ele como candidato à vaga da diretoria comercial. Na época, aos 35 anos, eu ansiava pela oportunidade de ter um grau maior de autonomia e de exercer melhor meu lado empreendedor. Seria meu terceiro emprego.

Já havia trabalhado numa empresa tipicamente familiar, mas com um fundador que beirava os 80 anos e ainda não havia escolhido um sucessor. Seus herdeiros puxavam o barco cada um para o seu lado, deixando o ambiente de trabalho insuportável. Era preciso pertencer a um ou outro ramo da família. Do contrário, não havia chance de progredir.

Dali fui para uma multinacional japonesa, séria e profissionalizada, mas a empresa era muito rígida. O senso de hierarquia me engessava as ideias e bloqueava a minha espontaneidade. Tinha estudado na Europa, onde fiz um mestrado em Administração, e queria trabalhar numa empresa daquele continente, apesar de reconhecer que o marketing nunca foi o forte no Velho Mundo.

Na entrevista, o presidente deixou bem claro o que esperava do futuro responsável pela área comercial. Deu detalhes da sua base educacional, da experiência profissional nos Estados Unidos e disse acreditar muito no pragmatismo norte-americano associado ao humanismo europeu como filosofia de gestão. Foi isso que me conquistou. Decidi aceitar o convite.

O início desse emprego coincidiu com outra grande mudança. Eu havia acabado de me casar novamente. Estava reconstruindo minha vida afetiva e profissional. Na época, já tinha um filho do primeiro casamento. E três anos depois, da segunda união, nasceu o caçula.

Enquanto estava às voltas com minhas memórias, os garçons começaram a servir o jantar. Durante toda a refeição não se falava em outra coisa a não ser no discurso do chefe. Causou o impacto que ele desejava, atraindo a atenção de todos para o assunto principal daquela convenção: como reinventar a empresa em um mundo em rápida transformação? Como obter novas respostas para os problemas recorrentes? E como prepará-la para enfrentar não só os problemas atuais, mas também os novos desafios que nem conhecemos ainda?

A comida estava excelente, os frutos do mar harmonizavam com o bom Chardonnay chileno, vinho típico da região do vale do Maipo. Ao degustá-lo, o diretor de RH recordou o passeio que ele e a mulher haviam feito àquele país sul-americano, no ano anterior. O casal não tinha filhos e viajava com frequência.

A gerente financeira deixou escapar que tinha muita vontade de conhecer essa rota dos vinhos, mas ainda não conseguira persuadir o conhecido publicitário com o qual dividia o teto. Para ele, férias eram sinônimo de praia, sol e calor.

O diretor de logística aproveitou a deixa para louvar as vantagens de sua vida de solteiro:

— Faço o que quero e não preciso dar satisfações a ninguém — gabou-se de modo meio inconveniente.

Para desfazer o mal-estar, procurei puxar logo a conversa para a provocação inicial do nosso presidente, sobre as crenças que aprisionam nossa empresa. Como ele insinuou, talvez tais verdades estejam, na prática, dirigindo nossa empresa e condicionando nossas decisões sem percebermos claramente essa influência.

Abri a conversa recordando aquele tempo em que acreditávamos que a gestão do cliente era responsabilidade apenas da área comercial, do marketing e das vendas.

— Tem um problema com o cliente? Chama o comercial! — acrescentei, com certa ironia.

Assim, o financeiro nunca achava que ao emitir ou cobrar uma fatura poderia ter a oportunidade de ajudar a fidelizar um cliente ou até mesmo de vir a perdê-lo, caso o atendimento fosse inadequado. Da mesma forma, quando a logística não entregava o produto no prazo prometido ou, no momento da entrega, a qualidade do contato não era eficaz, não se cogitava que isso poderia provocar reclamações e contribuir para a perda desse cliente. Isso sem falar nos problemas gerados quando a qualidade do produto não é satisfatória.

O meu colega da logística não apreciou muito o comentário e revidou dizendo que se lembrava do tempo em que a principal filosofia de gestão era "cada macaco no seu galho":

— A logística sempre foi o último galho da árvore corporativa, pois o comercial vendia e nem sempre nos avisava a tempo sobre os compromissos assumidos ou nossos prazos de entrega.

O diretor de RH afirmou, então, que se lembrava da época em que o tempo ocupando um cargo era valorizado como um salvo-conduto para assumir maiores responsabilidades e nos garantia mais oportunidades de promoção, com os aumentos salariais consequentes.

— Antiguidade é posto! Uma espécie de direito adquirido. As pessoas ficavam revoltadas quando um funcionário mais novo era promovido ou quando se buscava alguém no mercado com a nova competência de que a empresa necessitava. Sentiam-se injustiçadas — acrescentou meu colega. — Muitas empresas, hoje em dia, ainda perdem competitividade por tomar decisões à luz dessa regra.

Com um tom de nostalgia, ele também recordou a época em que podíamos nos dar ao luxo de separar a vida pessoal da vida profissional: a regra era deixar as emoções em casa, assim como os problemas familiares, trazendo para a empresa apenas sua habilidade profissional e seu lado racional e lógico.

— Mas isso era no tempo em que a inovação ficava confinada ao departamento de pesquisa e desenvolvimento — retrucou a jovem gerente financeira. — Hoje, inovação não é mais para ser tratada como um setor à parte, estanque, um apêndice da empresa. Precisamos de ideias criativas em todos os níveis e em todas as áreas. Mas como uma empresa pode ser inovadora se as pessoas usam apenas o seu lado racional?

— Ainda hoje muitas empresas só praticam a inovação no departamento de P&D — objetou o DRH. — Nas demais áreas, o erro não é permitido, a criatividade é inibida e ainda predomina o "você é pago para fazer, não para pensar". Essa ideia fragmentada do trabalho ainda é responsável pela dicotomia entre o pensar e o fazer, o planejamento e a ação, a emoção e a razão, o intelecto e a intuição. Você não ouviu o que o nosso presidente falou sobre a dificuldade de executar as estratégias traçadas? A culpa é dessa separação entre quem planeja e quem executa. Essa é a origem também dos verdadeiros feudos em que vivemos: cada um cuida da sua área, faz a sua parte e esquece o todo, perde a visão integrada, sistêmica, que deveria guiar nossas decisões.

— Você mesmo — acusou o diretor de logística, dirigindo-se a mim com o dedo em riste. — Você bateu a sua meta de aumentar a base de clientes, ganhou até bônus por isso, mas a rentabilidade caiu porque você deu descontos absurdos, trouxe clientes inadimplentes e isso prejudicou o todo.

Engoli em seco. Tinha de admitir que estava errado. Agi segundo a crença de que para a empresa valia a pena ser a líder do setor: quanto maior a fatia de mercado, melhor. Mais uma vez ficava evidente que uma crença inadequada nos guiava a decisões equivocadas. Preferi reconhecer isso a contestar por contestar.

O DRH rapidamente retomou sua preleção. Pude perceber sua intenção de me tirar daquele apuro:

— O problema maior é que nosso modelo mental é mais ou menos assim: primeiro definimos a estratégia, depois a estrutura e, por fim, buscamos o profissional com o perfil adequado para preencher os quadradinhos do organograma. Será que essa ainda é a melhor maneira de formatar uma empresa? Será que só devemos pensar nas pessoas depois de definir a estratégia e desenhar a estrutura?

O diretor de logística voltou à carga, lembrando do tempo em que acreditávamos que nossos produtos eram imbatíveis e que "em time que está ganhando não se mexe". Os sucessivos problemas que enfrentávamos provaram que nossa crença na invencibilidade de nossos produtos era falsa.

— Pena que não percebemos isso antes — comentei.

— Sei que, antes de pensarmos na estratégia, na estrutura, nos resultados e na satisfação dos clientes, precisamos repensar nossas premissas e crenças sacrossantas sobre como construir e como pôr para funcionar uma empresa de sucesso nas novas circunstâncias em que o mundo vive.

Foi a vez de a jovem gerente financeira contestar, de forma educada, porém firme:

— Mas a prescrição para a cura é bastante dolorosa porque exige algo que esbarra na resistência das pessoas: mudar a forma de pensar!

Tive de concordar com ela. Mudar a forma de pensar é tão difícil quanto aderir a uma nova convicção religiosa ou trocar o time de futebol pelo qual se torce.

Comecei, então, a refletir sobre os desafios a serem enfrentados e as ideias que precisávamos sepultar. E, principalmente, sobre como uma empresa moderna deveria funcionar.

Acredito que o problema não reside apenas nos instrumentos inadequados — como os relógios suíços que deixaram de medir com precisão o que não existe mais, o dia de 24 horas. Tampouco decorre da falta de instrumentos e ferramentas. A origem de muitos problemas organizacionais está em algumas ideias mortas, no mínimo obsoletas, que ainda guiam nossas empresas em pleno século XXI.[3]

Algumas dessas ideias — das quais os acionistas, a diretoria e muitos de nós não conseguimos nos livrar — ainda estão determinando a forma como nós lideramos e fazemos escolhas na hora das tomadas de decisão. Elas nos bloqueiam e nos fazem construir o que não funciona mais. Nosso desafio não é apenas o de enumerar tais ideias. Precisamos sepultá-las e desenvolver nossa habilidade de formular perguntas que exponham a tolice dessas "certezas" que temos de desbancar.

E, antes que alguém me interrompesse ou refutasse minha tese, já comecei a reunir argumentos para comprovar que algumas ideias, afinal, não resistiam às novas circunstâncias:

— Obras de vários autores já foram declaradas anacrônicas e incapazes de explicar a natureza dos novos tempos. Poucos pensadores têm conservado sua relevância ao longo dos séculos, como Darwin, Galileu e Freud — declarei, enfaticamente. — Um dos motivos pelos quais as ideias de Darwin perduraram foi sua simplicidade. Sua explicação para a variedade da vida na Terra e a evolução das espécies derrubou as teorias anteriores e fundamentou a biologia moderna.

Pretendia discorrer mais sobre o tema quando o diretor de logística disse que precisava pedir um analgésico. Não devido ao vinho, fez questão de frisar. Mas porque aquela conversa estava começando a lhe causar uma desagradável dor de cabeça.

Ele não imaginava o que ainda estava por vir, o rumo que a conversa tomaria. A moça, do alto da irreverência de sua juventude, disse que gostaria de compartilhar conosco uma ideia inusitada que lhe ocorrera:

— Fico imaginando como seria um encontro entre os principais gurus do management. Que análise eles fariam dos tradicionais princípios de gestão que não dão mais conta dos fenômenos que ocorrem dentro do universo empresarial hoje? E quais ideias dariam origem ao novo paradigma, que poderíamos apelidar, quem sabe, de neomanagement?

Ela propunha uma forma inesperada de exercitarmos o olhar a partir do incômodo decorrente da inadequação entre os princípios tradicionais da gestão e a nova realidade do mundo organizacional. Afinal, que ideias podem ter sido úteis no passado, em determinadas circunstâncias, mas que não são mais adequadas à realidade atual? Que conceitos alguns desses gurus criaram para responder a desafios e demandas de outras épocas e que precisariam ser superados agora, a fim de criar espaço para o novo?

— Eles nunca se encontraram, mas imaginem se isso acontecesse — prosseguiu a jovem gerente. — O que será que eles fariam se estivessem aqui, agora? Gostaria de imaginar o que eles pensariam se conhecessem a atual dinâmica do mundo e da vida empresarial.

E, sem pestanejar, continuou:

— Penso no local ideal para esse encontro inverossímil, mas necessário. Uma espécie de Olimpo onde empresários, executivos, gerentes e atuais pensadores da administração, juntamente com os pioneiros e fundadores do management, pudessem refletir sobre o que deve ser abandonado e desenfatizado, sobre o que deve ser criado, e o que precisamos aprender a desaprender para nos libertar de certas crenças, alterar pensamentos e mudar nossos comportamentos e nossas práticas na nova empresa que temos de construir — tomou fôlego e repetiu, suspirando: — Eles nunca se encontraram, mas imaginem se pudessem se reunir... Imaginem se pudéssemos nos encontrar com esses gurus.

Todos riram. Não sei se por nervosismo, gozação ou simplesmente por acharem a ideia exótica. Confesso que minha primeira reação foi de incredulidade e até de rejeição. Parecia uma piração, uma viagem, algo inexequível, inviável, improvável.

Já era hora de dormir, o jantar já havia se encerrado, algumas poucas pessoas permaneciam no salão. Fizemos uma despedida protocolar e cada um se dirigiu ao seu aposento.

Na subida do elevador, o diretor de logística ainda insinuou que a jovem gerente financeira devia ter bebido um pouco mais de vinho e por isso estava "tão descontraída e criativa", segundo suas palavras. E me aconselhou a não dar trela para essa "ideia maluca".

— Essa moça é competente, mas muito irreverente — justificou-se e, em seguida, alfinetou: — Esse pessoal mais jovem é assim mesmo, parece que anda com a cabeça nas nuvens; ainda não entendeu como é a vida real dentro de uma empresa.

Cumprimentei-o, agradeci e, ao chegar ao confortável quarto a mim reservado, telefonei para minha mulher. Resumi os acontecimentos do dia e contei sobre a ideia de organizar um improvável encontro dos gurus. Ela achou aquilo delirante. Disse que a empresa teria muito mais a ganhar se diretores e gerentes ficassem mais focados nos problemas da empresa, em vez de tentar tirar coelhos de cartolas.

Apesar do comentário nada favorável, aquela sugestão incomum ainda me parecia estimulante. Deitei, mas não consegui pegar no sono. Virava de um lado para o outro da cama, remoendo aquela ideia. Passei a noite às voltas com esses pensamentos.

Ah! Se pudéssemos convidar Frederick Taylor, Henri Fayol, Max Weber, Mary Parker Follett, Elton Mayo, Henry Ford, Abraham Maslow, Douglas McGregor, Igor Ansoff e, claro, alguns brasileiros, como o Barão de Mauá, primeiro grande empreendedor brasileiro, e ainda outros empresários bem-sucedidos, além do polêmico sociólogo Guerreiro Ramos e um ou dois instigantes professores de Administração do Brasil, conhecedores da nossa realidade, para trocar umas ideias sobre como enfrentar essas mudanças. Obviamente não poderia faltar Peter Drucker.

Aquela ideia continuou me perseguindo no dia seguinte, durante toda a caminhada que fiz na praia, bem cedo, naquela sexta-feira de sol ameno. Insistiu em me atormentar no café da manhã. Escolhi os alimentos certos — pão integral, queijo branco, café com leite desnatado, frutas e cereais —, mas não consegui me concentrar na refeição.

38 | CÉSAR SOUZA

Se por um lado a ideia da jovem me instigava, por outro despertava muitos temores. Será que valeria a pena ficar elucubrando sobre esse tipo de assunto àquela altura da minha carreira? Ouvia uma voz dentro de mim: "Sua área está indo tão bem, você tem empregabilidade, 40 anos, mulher e dois filhos. Pra que esquentar a cabeça?"

Incomodado pelo conflito, pensei em conversar com um querido professor do tempo da faculdade, um orientador da minha carreira que acabou se transformando em uma espécie de mentor. Ele sempre tinha as palavras adequadas na hora certa. Suas ponderações me ajudaram muito em momentos de impasse, como esse que eu enfrentava. Tinha certeza de que falar com ele evitaria a segunda noite em claro. Mandei-lhe uma mensagem pelas redes sociais, sugerindo uma conversa por videochamada às 19 horas.

O dia transcorreu com uma programação intensa de palestras e apresentações, todas focadas na elaboração de propostas sobre como melhorar os resultados do próximo exercício fiscal. Predominava uma visão imediatista. Apenas de leve (muito leve!), os palestrantes tocaram na provocação do presidente sobre as crenças e as filosofias de gestão.

No intervalo da tarde, o presidente expressou, em torno da mesa do lanche, num encontro casual comigo, o DRH, o diretor de logística e a gerente financeira, sua frustração com o rumo das conversas.

— O que faço? Contrato uma consultoria? Um psicólogo? Mandamos a turma fazer um curso numa escola renomada de Gestão no exterior, como Harvard ou Insead? — indagou. — Preciso desbloquear essa forma automática de pensar e de agir na empresa.

Aproveitei para comentar que estava bastante cansado daquele intenso dia de trabalho e preferia não participar do jantar nem do show musical programado para aquela noite. Havia decidido dormir cedo, pois minha apresentação seria a primeira da manhã seguinte, sábado, dia de encerramento da nossa convenção.

Foi então que percebi uma notificação de mensagem no meu celular: era do meu querido professor, confirmando a conversa numa sala de reunião virtual naquela noite. Senti um ligeiro alívio.

Ainda faltava uma exposição, a mais esperada, naquela tarde de sexta-feira, a do vice-presidente financeiro sobre a situação da empresa, mostrando os resultados alcançados no último exercício e os projetados para o ano fiscal seguinte.

No meio da apresentação, quando ele confirmava que realmente tínhamos um "desempenho apenas satisfatório", recebi um bilhete, que dizia:

"Cheguei à conclusão de que o encontro dos gurus que mencionei ontem deveria ser realizado no monte Nemrut, na Turquia. Um local meio místico, de culto greco-persa, que mistura o Oriente com o Ocidente. É conhecido pelas famosas esculturas de pedra calcária ao ar livre na forma das cabeças de Zeus, Apolo, Hércules e vários outros deuses da mitologia grega. Você já esteve lá?"

Devolvi o bilhete dizendo que nunca havia estado naquele lugar, sequer ouvira falar dele. Mas escrevi, em tom meio irônico: "Quero ser o primeiro a chegar para esse encontro surreal e improvável, caso você consiga agendá-lo."

Por volta das 19 horas, subi rapidamente para o meu quarto, onde pretendia conversar mais à vontade com o professor. Muito simpático, ele foi logo se colocando à disposição do "seu eterno aluno", como eu sempre faço questão de frisar. Havíamos desenvolvido uma forte amizade ao longo dos anos.

Expliquei a situação em que estava envolvido, a convenção, o alerta do chefe, a ideia maluca da colega, a reação do diretor de logística. E, principalmente, a inquietude que me consumia, o desejo de descobrir novas formas de pensar que ajudassem a construir um futuro mais saudável para a empresa.

— Sinceramente, não vejo razão para que encare isso como um conflito — procurou me tranquilizar. — Encorajo você a prosseguir com suas indagações. Aos 40 anos de idade é muito cedo para uma pessoa se acomodar. Dê margem à sua imaginação. Solte suas amarras. O questionamento é a base do crescimento, lembra-se disso?

Observou que, pelo tom da minha voz, eu parecia bastante cansado. E acrescentou:

— Procure dormir para que amanhã cedo possa brilhar na sua apresentação. E, olhe, essa viagem que a moça sugeriu... Uau, dá até vontade de ir junto!

Desliguei a conexão via Zoom, deitei e, sem trocar de roupa, dormi profundamente naquela noite de sexta-feira.

2. O mundo em transe

O monte Nemrut é um lugar enigmático. Redescoberto por um engenheiro alemão em 1881, mas só foi totalmente documentado na década de 1990. Situa-se na Anatólia Oriental, uma vasta região da Turquia banhada por lagos e pelo nascedouro dos rios Tigre e Eufrates. É um destino atraente para viajantes pouco convencionais, de espírito aventureiro.

O monte se tornou mundialmente conhecido pelas enormes cabeças de pedra calcária representando deuses gregos e persas.

— As estátuas foram construídas por iniciativa do rei Antíoco I, governante da região entre aproximadamente 64 e 38 a.C. — contou-nos Hayal, o motorista da van que nos conduzia, ao fazer as vezes de guia turístico. Ele também nos incentivou a provar um prato típico, o *döner kebab*, um grelhado de carne de carneiro e vitela feito num espeto gigante que fica girando ao fogo e é servido com salada verde e um delicioso *pilav* — arroz cozido com manteiga e ervas ou caldos, o que lhe dá uma textura peculiar.

44 | CÉSAR SOUZA

Hayal, cujo nome significa "sonho" em turco, fez questão de frisar que de todos aqueles deuses o que mais o impressionava era Hércules (chamado de Héracles na mitologia grega) e a lenda das suas inacreditáveis façanhas. Contou que o herói era filho de Zeus com a mortal Alcmena.

A deusa Hera, considerada a mulher oficial de Zeus e sempre hostil aos filhos do seu marido com as mortais, tentou matar Hércules ainda no berço, quando ele chegou a estrangular duas serpentes com as mãos. Mais tarde, ele foi condenado a enfrentar monstros e enormes adversidades que ficaram conhecidas como "os doze trabalhos de Hércules": o leão de Nemeia, a hidra de Lerna e o touro de Creta são alguns deles.

— Quando vejo executivos de empresas angustiados com os desafios dos tempos modernos, como me parecem estar, lembro-me dessa lenda — insinuou o rapaz, olhando-nos pelo espelho retrovisor.

O lado leste do monte Nemrut oferece uma vista fantástica de toda a área, e o topo do morro transformou-se em um santuário onde o rei era adorado. Uma espécie de Olimpo, ponto de encontro entre a cultura oriental e a ocidental, lugar ideal para uma peregrinação como a nossa, em busca de novos paradigmas para a vida empresarial. Não fica muito longe do pico do monte Ararat, local lendário onde supostamente aportou a Arca de Noé, informou Hayal. E a região ainda abriga a alegada origem de nascimento do personagem bíblico Abraão.

PASSAPORTE PARA O FUTURO | 45

Mas, antes de chegarmos a Nemrut, passamos dois dias na surpreendente Istambul. Palco de diversas civilizações, a exemplo dos impérios Persa, Romano, Bizantino e Otomano, a metrópole situa-se no ponto de encontro entre a Europa e a Ásia, os dois continentes ligados pelo estreito de Bósforo, que também serve de canal entre o mar Negro e o mar de Mármara. Fomos privilegiados com uma visão panorâmica desses dois mundos quando o avião se aproximava para efetuar o pouso no aeroporto de Atatürk, no lado europeu da cidade.

Ao andar um pouco pelas ruas e observar sua extraordinária diversidade, fiquei com a sensação de que Istambul tem o coração na Europa, mas que sua alma é asiática. A cidade tenta ser a síntese racional na esquina desses dois mundos.

A Istambul moderna é sofisticada, repleta de mesquitas, igrejas, palácios e museus, mas também tem um lado boêmio, como a rua Nevizade, repleta de bares. Ao percorrermos o belo e moderno bairro Nişantaşı, na área do ver e ser visto de Istambul, ficamos impressionados com as sofisticadas vitrines, exibindo produtos de famosas grifes internacionais, e com a beleza e a elegância das mulheres, sempre falando ao celular, o que lhes concedia certo toque de modernidade, especialmente se estavam em seus tradicionais trajes muçulmanos.

Já o Grand Bazaar é um paraíso para compradores compulsivos: seus labirintos, compostos por cerca de

46 | CÉSAR SOUZA

sessenta ruas e 4 mil lojas, tendas e quiosques, repletas de joias, luminárias, tapetes, roupas e suvenires, oferecem de tudo, ou quase tudo, que se queira comprar. Fundado em 1461, o Grand Bazaar é o precursor do moderno conceito de shopping center. A pouca distância dali, ficam o Bazar de Especiarias (comidas, doces, frutas, pimentas e ervas de todos os tipos imagináveis) e o Bazar de Livros, exemplos pioneiros do moderno conceito de cluster de negócios e produtos similares. No Grand Bazaar, pechinchar é uma arte, as mercadorias não apresentam preço. Fiquei com a impressão de que se um comprador aceitar o valor inicial pedido por um comerciante sem tentar barganhar estará estragando o maior prazer deles: a negociação, uma verdadeira coreografia de gestos e argumentos, em que às vezes o valor pago chega à metade do sugerido inicialmente.

O longo percurso entre Istambul e o monte Nemrut foi realizado em duas etapas. De Istambul rumamos para Malatya, em um voo doméstico que durou cerca de 1h40, partindo do aeroporto Sabiha Gökçen, no lado asiático da metrópole. De Malatya seguimos via terrestre para o monte Nemrut. Estávamos em cinco: o presidente, a jovem gerente financeira, o diretor de logística, o DRH e eu.

Enquanto atravessávamos a Turquia em direção ao Leste, passando pela Capadócia e cruzando toda a vasta região da Anatólia, conversamos bastante sobre a história do país, quase tão antiga quanto a da espécie humana. Ou melhor, sobre a sua pré-história: cerca de

600 mil anos antes do surgimento da escrita as primeiras civilizações já habitavam aquela área. Várias escavações trouxeram à luz exemplares de suas primeiras ferramentas de pedra, revelando a presença da vida primitiva na Anatólia, um dos cenários do que se convencionou chamar, então, de Idade da Pedra.

Um dos berços da humanidade, a Turquia presenciou o apogeu e a queda de muitos impérios desde os primórdios da civilização hitita e a dos lídios. Mais tarde, do ano 350 a.C. até o século XX, foi também palco para as conquistas de líderes que se tornaram protagonistas da história mundial: Alexandre, o Grande, o primeiro a unir as civilizações ocidental e oriental, sempre relembrado pela simbólica batalha contra Dario, o rei persa, contra quem lutou montado em Bucéfalo, seu famoso cavalo; os imperadores romanos Septímio Severo e Constantino I; o casal Justiniano e Teodora, que governou o Império Bizantino no seu apogeu, no início do século VI; o sultão Mehmet II, que em 1453, ou seja, mais de mil anos depois, consolidou a expansão do Império Otomano ao libertar Constantinopla dos bizantinos e virar a página do que ficou conhecido como Idade Média; e, mais recentemente, o presidente Atatürk ("pai dos turcos"), que fundou a atual República Turca em 1923, colocando o país na Idade Contemporânea.

Essa complexa história, plena de momentos de ruptura, parecia emblemática para nossa missão naquela viagem. O grupo demonstrava empolgação diante da possibilidade, que antes soara inviável, de questionar se os conceitos da administração formulados no início do século XX ainda seriam coerentes com as novas exigências do mundo empresarial pós-moderno.

Finalmente chegamos a Malatya, onde Hayal nos esperava no aeroporto para nos conduzir ao monte Nemrut e nos acompanhar durante todos os nossos deslocamentos via terrestre.

No monte Nemrut, nossa reunião foi realizada sob o abrigo de uma tenda ampla que havia sido montada no lado leste, de onde se tem uma visão privilegiada das esculturas. Ao visualizar a estátua de pedra que representa Zeus, lembrei-me da lenda do "nó górdio"[1] contada por um professor de Mitologia. Ela diz que Zeus, pai dos deuses, decretou que o povo da Frígia deveria escolher como rei a primeira pessoa a guiar uma carruagem até seu templo. O escolhido foi um camponês chamado Górdio. Sem acreditar na sua sorte, o rei recém-coroado dedicou a carruagem a Zeus, amarrando-a a um pilar do templo com um nó bastante difícil de desfazer. Um oráculo, então, profetizou que a pessoa que conseguisse soltar a carruagem daquele nó seria transformada no governante de toda a Ásia. A honra coube a Alexandre, o Grande, que num golpe inusitado cortou as amarras com a sua espada e assim cumpriu a profecia.

Perguntei aos meus companheiros de viagem:

— Quais "nós górdios" da administração precisam ser desatados para que a nova empresa possa ser inventada?

Combinamos que, se surgisse uma oportunidade, essa seria uma importante pergunta a ser endereçada aos gurus: Peter Drucker, Frederick Taylor, Henri Fayol, Mary Parker Follett, Max Weber, Abraham Maslow e Igor Ansoff.

O presidente aproveitou para nos informar que, ao fazer o convite aos gurus, por meio de um post em uma rede social, alegou a necessidade de dar um passo adiante na administração. Explicou que os ensinamentos que nos legaram com a obra de cada um, contendo os princípios básicos de gestão, ainda continuam sendo usados na maioria das empresas, porém a realidade tem mudado bastante. Enfatizou que precisamos entender que ideias devemos abandonar e quais novos princípios precisamos adotar:

— Deixei claro que não pretendíamos ouvir o que não disseram nem o que não pensaram. Mas gostaríamos de imaginar o que falariam se estivessem aqui, agora, entre nós — fez questão de realçar.

Todos acabaram concordando em promovermos o encontro no monte Nemrut, pois nenhum de nós jamais estivera lá e a curiosidade falou mais alto que a zona de conforto dos locais conhecidos e mais tradicionais.

Eu desconfiava de que havia mais uma explicação para a escolha desse lugar. Enquanto o presidente narrava os preparativos, fiquei conjecturando o que teria viabilizado esse encontro fantástico. Será que o terremoto no Japão, além de modificar o eixo de rotação

50 | CÉSAR SOUZA

da Terra, teria aberto, também, fendas no espaço e no tempo, criando uma espécie de túnel por onde pessoas de épocas diferentes pudessem passar? Um desses portais — presumi — estaria localizado bem ali no monte Nemrut, o que teria tornado possível esse encontro improvável com os notáveis teóricos do management.

Logo no primeiro dia, "encontramos" Peter Drucker. Estávamos ansiosos para conversar com ele sobre como lidar com momentos de intensa transição. Mas, antes de ouvi-lo, disparamos a descrever as novas circunstâncias que estão mudando o cenário do mundo empresarial.

O diretor de logística lançou-se a contar o terrível impacto do terremoto no Japão, em 2011, sobre o eixo de rotação da Terra e também sobre a economia japonesa, que nos meses imediatamente seguintes apresentou queda na produção industrial, na fabricação de veículos e na geração de energia. Como Drucker viajava com frequência para a Ásia, devido ao seu enorme fascínio pelo Japão, suponho que tenha lamentado o fato.[2]

Depois, o nosso presidente relatou as agruras enfrentadas pelos Estados Unidos na gestão da sua colossal dívida externa. Dissemos que nem o pior inimigo deles conseguira fazer o que o próprio sistema de governo norte-americano — uma verdadeira queda de braço entre a Casa Branca e o Congresso — estava causando ao *American way of life*.

A crise em diversos países na zona do euro foi outro tema da conversa. Profundo conhecedor da história do velho continente, e na condição de cidadão europeu — austríaco nascido em Viena, em 1909, que estudou na Alemanha e trabalhou em Londres, para onde se mudou em 1935 —, ele sentira na pele os conflitos mundiais originados na Europa, tendo premonitoriamente imigrado para os Estados Unidos, aos 28 anos, pouco antes de eclodir a Segunda Guerra Mundial.

A essa altura, Drucker parecia relembrar trechos de uma palestra que proferiu em 1977, na Universidade do Estado de Utah, nos Estados Unidos, sobre as mudanças estruturais na sociedade e na economia mundial e seus efeitos sobre as empresas norte-americanas, ocasião em que disse:

> Ao contrário do que a maioria de nós acredita, o tipo de período dos dias de hoje consiste em uma história antiga e bastante conhecida. Mais ou menos a cada 50 anos, desde que algo que podemos chamar de economia moderna surgiu pela primeira vez em torno de 1700, ocorre uma "década do vale-tudo", na qual aparentemente não há limite algum para o crescimento (...) e esses períodos um tanto quanto eufóricos são sempre seguidos de uma ressaca bastante intensa em que todos acreditam que o crescimento chegou ao fim para sempre. (...) Permitam-me dizer, também, que todos, durante cada um desses períodos de ressaca, acreditaram que os recursos se esgotariam. Esta é a terceira vez na minha vida que ouço isso e agora não acredito mais nisso.[3]

O grupo concordava com essa visão do movimento pendular da economia, deduzindo que ao vivermos um ciclo devemos nos preparar para o ciclo seguinte. Se o momento é de euforia, os líderes devem programar sua empresa para a fase seguinte, a ressaca. E, se os momentos são de crise, não devemos submergir, e sim aproveitar a oportunidade para a próxima etapa de crescimento. Porém, pensei comigo, essa transferência de riqueza e de poder que presenciamos atualmente parece ser muito diferente da crise conjuntural presenciada por Drucker em 1977.

— Parece que estamos vivendo uma mudança no eixo de rotação do mundo econômico semelhante ao que aconteceu com o eixo de rotação da Terra após o terremoto de 2011 no Japão — arrisquei, com certo receio reverencial, afinal estava diante do maior pensador sobre negócios de todos os tempos, amplamente consagrado pelas aulas e palestras que viraram ícones do pensamento gerencial e pelos 39 livros que escreveu.

— E daí? Sua empresa está pensando em redirecionar seus investimentos e aumentar sua penetração nos possíveis mercados ou vai continuar insistindo em investir nos mercados tradicionais?

Pressentindo essa possível pergunta, o presidente se antecipou:

— Vou recomendar à matriz da empresa que analise melhor as oportunidades na Indonésia, na China, no México, no Brasil e aqui na Turquia, em vez de ficar

PASSAPORTE PARA O FUTURO | 53

focada apenas nos tradicionais mercados de consumo norte-americano e europeu — afirmou, com um brilho de sabedoria no olhar.

Retomei meu raciocínio, dizendo que está em curso uma transformação muito mais ampla: a crise financeira produziu uma insatisfação com o modelo capitalista e com a globalização da economia. Se somarmos isso à explosão tecnológica — robotização, inteligência artificial, internet das coisas, enfim, as várias formas de transformação digital —, ao esgotamento ambiental e às respostas da natureza às sucessivas agressões que sofre, chegaremos a uma auspiciosa conclusão:

— O mundo está em transe — anunciei. — Atravessa uma mudança no sistema de valores, um rompimento com o antigo modo de pensar que repercute nas ruas e nas empresas. A rotatividade das pessoas é um sinal claro. Vivemos algo comparável ao movimento que tomou conta de Paris em maio de 1968 e ao lendário Festival de Woodstock, em 1969, dois símbolos da contracultura. A diferença é que agora o ativismo migrou para os meios digitais: o instrumento para divulgar causas e reunir multidões é a tecnologia. A semelhança é que estamos testemunhando o despertar de uma nova consciência global.

Terminei minha explanação de modo tão inflamado que meus colegas me olharam com ar de estranheza, sem nada comentar. O diretor de RH veio em meu socorro, confirmando que todas as mudanças em curso estão exigindo a reconfiguração do mundo empresarial.

54 | CÉSAR SOUZA

Depois recordou a todos, visivelmente emocionado, que no final dos anos 1950 Drucker previu algumas dessas transformações. Drucker cunhou o termo "trabalhador do conhecimento" (*knowledge worker*), sendo o primeiro arauto de uma nova era na qual um número sem precedentes de pessoas passaria a usar mais o cérebro do que os braços. A terminologia da época era "mão de obra" quando alguém se referia à força de trabalho.

Relembramos, então, que numa palestra em Paris, no International Management Congress, em 1957, Drucker verbalizou, pela primeira vez em público, sua percepção de que o conhecimento suplantaria a terra, a mão de obra e o capital como o fator mais importante da produção. E repetiu aquela que seria uma das maiores profecias no mundo do trabalho e da vida empresarial:

— A força de trabalho, antes formada por trabalhadores braçais, qualificados ou não, está rapidamente passando a ser composta, em grande parte, por pessoas que trabalham com base no conhecimento.

Olhei para a estátua de pedra calcária que representa Zeus ao lado esquerdo do semicírculo que formávamos. Cheguei a imaginar Drucker desatando um enorme nó górdio por meio da sua visão inusitada e precoce de que a sociedade do conhecimento substituiria a forma tradicional de trabalho.

Ao lado da globalização, da digitalização e da explosão tecnológica, essa visão constituiu uma das principais megatendências que se confirmaram a partir da década de 1990, causando grande impacto no negócio de diversas empresas e na vida de bilhões de pessoas em vários países.

Esse tema das megatendências para o futuro atraiu minha atenção. Perguntei quais eram as principais mudanças no horizonte nos próximos anos.

A jovem gerente relembrou o conteúdo de outra palestra proferida por Drucker em 1977, em que ele disse: "Devo dizer que a mudança estrutural mais importante é algo a que muito poucas pessoas prestam atenção — a grande mudança populacional."

Aproveitei aquele "gancho" e disparei:

— Existem algumas novas circunstâncias que certamente afetarão o rumo das empresas. Precisamos preparar nossos líderes para o futuro, para os novos desafios que ainda nem conhecemos. — E comentei sobre algumas megatendências: — A primeira será, como já havia salientado o professor, a mudança demográfica no mundo. O crescimento, a maior urbanização e o envelhecimento da população mundial terão impactos significativos. O ano de 2011 será lembrado por termos atingido a marca dos 7 bilhões de habitantes no planeta. Em 2030, ultrapassaremos os 8 bilhões. Destes, cerca de 2 bilhões terão mais de 65 anos de idade.

A pergunta inevitável nem precisou ser verbalizada: a empresa está pensando em produtos ou serviços para esse nicho de consumidores?

— As empresas precisam compreender em profundidade as necessidades, os sonhos e as expectativas desses consumidores que apreciam serviços e produtos fáceis de usar. Não gostam de produtos marcados para "idosos" nem para a "terceira idade", mas estão atentos aos atributos de simplicidade, segurança e qualidade do atendimento.

Nosso diretor de RH desviou o olhar, pois sempre defendeu posições contrárias a fabricar e distribuir produtos a esses consumidores, alegando que "velho só usa dinheiro para remédios e para turismo da terceira idade".

— Os sessentões precisam ser encarados não apenas como consumidores, mas também como força de trabalho. As empresas precisam ajustar suas estruturas, políticas, diretrizes e processos para aproveitar melhor o conhecimento dos mais experientes. Nesse sentido, a aposentadoria por idade (aos 65 anos para homens e aos 61 anos e seis meses para mulheres) é uma típica ortodoxia do tempo industrial, quando a força física era um atributo importante na qualificação de um trabalhador. Sempre acreditei que "sabedoria não se aposenta". Além disso, é importante considerarmos que 60% viverão em centros urbanos, num processo impressionante de concentração populacional em megacidades, megarregiões e megacorredores.

A segunda grande tendência é o que podemos chamar de *smart* tudo": soluções tecnológicas inteligentes combinadas com atributos de eficientização de energia. Daí resultarão produtos e tecnologias *smart*: além de prédios inteligentes como já conhecemos, materiais e sistemas de transporte inteligentes. O conceito será o novo "verde" na economia e poderá ser aplicado à medicina, à segurança e a muitas outras áreas.

A terceira macrotendência é a economia verde. Cada vez mais serão privilegiados produtos e negócios sustentáveis em detrimento dos convencionais. Isso facilitará, inclusive, o acesso ao capital, pois está se tornando um critério importante adotado por bancos e fundos de investimento para financiamentos e governos ao estabelecer incentivos fiscais.

A quarta grande tendência deriva da anterior, mais especificamente da busca por combustíveis renováveis: a mobilidade com transportes elétricos, que terá grande impacto sobre a indústria automobilística em um futuro não muito distante. Metas continuarão sendo traçadas para a descarbonização dos processos produtivos e dos bens de consumo. Os créditos de carbono serão ativos importantes para empresas e comunidades. Energia solar e eólica estarão em alta, a economia circular e o aproveitamento de resíduos sólidos, literalmente a transformação do lixo em energia será uma característica da economia do futuro.

Outra grande tendência é a migração para a "economia do compartilhamento", ou seja, os consumidores vão preferir o acesso e o uso, em vez da posse de determinados bens e produtos. Pessoas e empresas tenderão a ser mais *"asset light"* do que no passado, superando o sentimento da posse.

E como isso afeta os negócios? Era a outra pergunta que, mesmo sem ter sido pronunciada, parecia não querer calar.

Nosso presidente demonstrou certo incômodo, pois insistia em argumentar que essa tendência estava muito longe e que tinha outras prioridades para se preocupar em vez de ficar especulando como eventuais carros movidos a eletricidade poderiam afetar a empresa em curto prazo.

Sugeri conversarmos a respeito do impacto que outras macrotendências poderiam ter sobre o nosso negócio, como, por exemplo, a drástica mudança ocorrendo no varejo, com o *e-commerce* ocupando um espaço gigantesco nas transações antes restritas às lojas físicas.

Argumentei que as lojas físicas mudarão de papel e serão mais PDEs, "pontos de experiência", do que PDVs, "pontos de venda", e terão importante papel como centros de distribuição de produtos comprados eletronicamente.

— As soluções "digitais" serão a próxima fronteira do marketing — arrisquei dizer.

Então lembrei meus colegas das ideias do professor indiano C. K. Prahalad, cujo trabalho na Universidade de Michigan, nos Estados Unidos, na década de 1990, já havia dado uma enorme contribuição ao pensamento estratégico ao chamar a atenção para a necessidade de

PASSAPORTE PARA O FUTURO | 59

se "competir pelo futuro". Para ele, a invenção de uma nova empresa começa quando identificamos os desafios e as circunstâncias que enfrentaremos no futuro, e não quando damos respostas aos desafios que enfrentamos hoje. Comentei, ainda, sobre o seu trabalho a respeito dos consumidores de baixa renda, que ele chamou de "base da pirâmide".[4] Esse conceito concorreu para transformá-lo em uma celebridade no mundo empresarial.

O pensamento indiano de Prahalad — como são conhecidas as suas "profecias econômicas" — é fruto da sua convicção de que as empresas e as instituições financeiras ainda não aprenderam a vender à população de baixa renda. Cerca de 4 bilhões de pessoas dispõem de recursos econômicos escassos, isto é, 60% da população mundial é pobre. As grandes empresas "sempre disseram que esse não era seu mercado", concentrando-se nos 30% ou 40% restantes. Portanto, "o passo seguinte consiste em descobrir como converter os pobres em consumidores e introduzi-los no mercado global", já que existe uma ideia (sem fundamento!) de que vender a quem dispõe de poucos recursos não é rentável.

— De fato, grandes companhias como a nossa insistem em negligenciar um mercado que representa cerca de 60% a 70% da população mundial. Isso porque nos deixamos levar pela ideia equivocada de que falta de recursos é sinônimo de baixa rentabilidade — declarou, inconformado, o nosso presidente.

Também me lembrei de uma entrevista em que Prahalad afirmara que a criação de um novo modelo de negócio, como os cartões pré-pagos no segmento de telefonia celular, jogou por terra a crença de que os pobres não constituem um mercado por não terem dinheiro para gastar: eles se converteram em consumidores efetivos. "Temos de estar conscientes da existência de limitações sempre que nos deparamos com as oportunidades e as ameaças criadas pelas lentes através das quais enxergamos a administração. O importante é reconhecer tais tendências e mudá-las", alertou, certa feita. "A linha do esquecimento consiste, portanto, em aprender a esquecer o jeito antigo de fazer as coisas."

Ah! Respirei fundo. Ali estava um belo exemplo de uma das ideias mortas que ando catalogando, das certezas estabelecidas que precisamos desbancar, pois acabam aprisionando nossas estratégias e decisões.

— E então? — o presidente se dirigiu a mim, perguntando de forma provocadora. — Você e sua equipe já aprenderam a lidar com essa enorme "riqueza" na base da pirâmide?

Engoli em seco, tentando manter a calma, e respondi que ainda estamos desnorteados diante de um enorme volume de neoconsumidores, que não conhecemos com o nível de profundidade que nos seria desejável. No Brasil, por exemplo, a maior parte do consumo atual está alimentada pela decisão política de se conceder créditos à população de baixa renda, nas mãos das chamadas classes D e E. As empresas não estavam preparadas para essa demanda de um grande contingente populacional ansioso por consumir bens duráveis — como eletrodomésticos, eletrônicos em geral, automóveis, móveis, motos —, que deseja viajar e quer ter uma casa melhor.

Como atendê-los?

Aproveitei a breve pausa que se seguiu e mandei um e-mail ao gerente de vendas, membro da minha equipe, perguntando o que poderia ser feito para atingir esses novos consumidores.

Se estivesse entre nós, provavelmente Prahalad insinuaria que apenas poucas empresas se prepararam para atender a esse nicho de mercado. Ou seja, no passado as empresas focaram mais nos consumidores das classes A e B e no mundo de clientes das grandes companhias. Agora precisam aprender a gerar o que podemos chamar de "valor para muitos", ou seja, atuar em um universo muito maior de clientes e gerar valor para multidões de consumidores.

Notamos, então, o desconforto do diretor de logística, que já havia dito em outras ocasiões e em tom jocoso que, "assim como existem o B2B (*business to business*) e o B2C (*business to consumer*), agora estavam inventando o B2P (*business to* pobre)".

A gerente financeira, que se sentiu nitidamente revoltada com essa postura e já previa os comentários preconceituosos e inoportunos que nosso colega pode-

62 | CÉSAR SOUZA

ria fazer durante nossa viagem, passou-me um bilhete no qual escrevera: "Precisamos conversar sobre as atitudes e crenças desse nosso amigo."

— Como se servir à base da pirâmide já não fosse um desafio e tanto, um enorme contingente de jovens está entrando nas empresas — pontuou o DRH. — Os elevadores corporativos estão superlotados de jovens, numa quantidade muito maior do que a atual geração no poder esperava e numa velocidade bem acima do que ela desejava. Essas pessoas têm estilos, desejos, sonhos e valores muito diferentes. Pertencem a diversas tribos e nichos, por isso é preciso cuidado para não estereotipá-las em categorias genéricas.

O DRH mencionou uma recente pesquisa realizada com cerca de 40 mil jovens para identificar quais seriam as empresas de seus sonhos.[5] Os resultados foram surpreendentes. Esses jovens talentos estão exigindo um tratamento customizado da parte de seus chefes, esperam que a expressão da sua individualidade seja um traço presente nas suas relações de trabalho. Também estão atentos ao que chamam de "jeito de ser" das empresas e querem ter certeza de que isso seja compatível com o seu próprio jeito de ser.

Drucker parecia relembrar o estalo que teve durante uma aula na Universidade de Cambridge, na Inglaterra, com ninguém menos do que o economista John Maynard Keynes: "De repente percebi que Keynes e todos os brilhantes alunos de Economia na sala estavam interessados no comportamento das commodities, enquanto eu estava interessado no comportamento das pessoas."[6]

O famoso economista tinha publicado em 1936 o livro *The general theory of employment, interest and money*, escrito em tom controverso, como uma batalha para escapar dos modos habituais de pensamento herdados de seus antecessores clássicos. Assim, ele criou uma escola de pensamento que se tornou um novo paradigma para enfrentar a Grande Depressão.

— Sim, é isso o que os jovens continuam exigindo agora, várias décadas depois da sua percepção — respondeu nosso DRH, curvando-se mais uma vez à sabedoria do mestre.

O raciocínio foi complementado pela nossa representante da inteligência feminina, a gerente financeira:

— A maior mudança, a verdadeira fenda no eixo de rotação da vida empresarial, no que diz respeito à gestão de pessoas, vem do novo epicentro do poder: não são apenas as empresas que escolhem os talentos para trabalhar. Agora, são as pessoas que também escolhem as empresas, num clima mais ou menos assim: "Tenho opções, vou verificar se essa empresa me merece!"

Esse assunto foi bastante discutido e ficou no ar uma ressalva: essa pode ser uma tendência de economias em expansão, pois em momentos de crise ou em países com taxa alta de desemprego essa equação ainda pode pender mais para o lado do empregador.

A jovem gerente alertou para o fato de que as novas gerações devem ser percebidas não apenas sob a ótica da força de trabalho, mas também como clientes potenciais, como consumidores jovens. As empresas deveriam criar estratégias específicas para esse nicho de mercado.

C. K. Prahalad possivelmente se orgulharia desse comentário.

Procurei, então, resumir a conversa que mantivemos durante a viagem, quando listamos as novas circunstâncias que ocorrem simultaneamente no mundo empresarial. Está havendo uma migração do foco industrial para o de serviços, do produto para o cliente, do analógico para o digital, do padronizado para o personalizado, da produção em massa para a customização, do fixo para o móvel, do previsível para o volátil, da mesmice para a diversidade, do físico para o virtual, do institucional e genérico para o individual, da indiferença social para a cidadania. E, principalmente, do mundo tangível para o intangível.

A mais importante de todas as novas circunstâncias — a mudança da era do tangível para a era do intangível — seria discutida no dia seguinte, aproveitando a "presença", no nosso improvável encontro, de outro convidado, o professor Igor Ansoff, considerado o pai do conceito de estratégia empresarial.

Já comecei a imaginá-lo formulando ideias sobre a estratégia na era do intangível e como a gestão dos intangíveis afetaria a estratégia contemporânea.

O que ninguém ousou falar na hora é que a reflexão sobre estratégia poderia desembocar na pergunta que

PASSAPORTE PARA O FUTURO | 65

mais temíamos: "Se não estivessem neste negócio, vocês entrariam nele hoje?" E ela parecia trazer consigo outra questão ainda mais perturbadora: "Se a sua empresa não existisse, que falta faria?"

Finalmente, lembrei-me das sete questões essenciais que tenho formulado constantemente, inspirado numa palestra que ouvi, proferida por um conhecido consultor brasileiro:

1. Qual é o nosso propósito?
2. Quem é o nosso cliente, a quem queremos servir?
3. Quais são os resultados desejados?
4. Quais competências precisamos adquirir para termos maior sucesso no futuro?
5. Qual a estrutura/modelo de gestão que queremos implantar?
6. Qual o mapa de atitudes que desejamos praticar no nosso dia a dia?
7. Quais as nossas prioridades a curto, médio e longo prazos?

Lembrei-me de que, certa feita, Drucker afirmou: "(...) as respostas são importantes, você precisa de respostas porque precisa de ação. Mas a coisa mais importante é fazer as perguntas certas."

Aliás, Drucker gostava de perguntar "Qual o seu negócio?" e "Qual a sua missão?".[7] Concordamos que uma pergunta mais apropriada atualmente seria: "Qual o seu propósito?", pois as pessoas estão em busca de um propósito que traga significado para suas vidas. Ou, como bem provoca o renomado filósofo Mario Sergio Cortella, em seu livro homônimo "Qual é a tua obra?".

Intrigados com aquelas questões, pedimos um *çai*, o típico chá turco quente, para brindar, numa troca de olhares e leves gestos, à extraordinária experiência desse encontro. O pôr do sol já anunciava o final do dia, como se nos sinalizasse que seria sábio relaxar um pouco.

3. A era do intangível

Dois mais dois é igual a cinco, na matemática peculiar de um dos expoentes do management, o professor Igor Ansoff. A "fórmula" numérica (2 + 2 = 5) foi usada em uma de suas aulas sobre estratégia empresarial para explicar o conceito de sinergia, explorado por ele com o propósito de mostrar que duas entidades juntas valem mais do que a soma das duas separadas.[1]

Desde o primeiro momento em que ouvi essa ideia, senti um reforço na minha tese de que esforços coordenados e integrados no trabalho produzem muito mais valor do que resultados tangíveis.

De origem russa — nascido em 1918, em Vladivostok —, Ansoff emigrou ainda jovem para os Estados Unidos, onde se formou como engenheiro mecânico e físico. Trabalhou na Rand Corporation e depois foi vice-presidente da Lockheed, conhecida empresa aeroespacial.

Considerado o pai do conceito de "estratégia empresarial", que estampou como título do seu livro seminal nessa disciplina, publicado em 1965, Ansoff lecionou no

68 | CÉSAR SOUZA

Carnegie Institute of Technology, em Pittsburgh. Por volta de 1970, assumiu o cargo de reitor da Graduate School of Management na Universidade Vanderbilt, em Nashville, Tennessee, onde montou um currículo pioneiro e inovador para formar "agentes de mudança", muito diferente dos tradicionais cursos de graduação, típicos das escolas de Administração, especializados em áreas funcionais.

Ansoff deflagrou uma nova forma de pensar sobre o tema da competitividade ao questionar o tradicional conceito de "vantagem comparativa". O professor também desenvolveu várias ferramentas de monitoramento das ameaças e oportunidades no cenário externo, além da conhecida "matriz de Ansoff", para analisar possibilidades de diversificação de produtos e mercados.[2]

Convidamos o professor, que "chegara" bem cedo naquela manhã, para nos acompanhar até o Centro Arqueológico de Gaziantep, região próxima à fronteira com a Síria, que abriga uma impressionante coleção de mosaicos romanos. No caminho, nosso motorista, Hayal, fez uma parada para que pudéssemos caminhar na bela região dos lagos situada no sopé da cidadela, próxima à caverna em que os fiéis acreditam ter sido o local de nascimento de Abraão.

Durante o passeio, o presidente fez um resumo de nossa conversa do dia anterior, enquanto provávamos diversos tipos de *baklava*, doces folhados típicos da região acompanhados de *lokum* — pequenos cubos de pistache e amêndoas, enrolados em uma pasta de baunilha que lhes dá uma consistência singular, de bala de goma, e cobertos de açúcar.

Eu estava encantado não apenas com o sabor peculiar daqueles doces, mas também com a sonoridade das palavras em turco: a harmonia das vogais, a sílaba tônica em geral na sílaba final, o uso generalizado de sufixos, formando palavras enormes.

Quando alcançamos o nosso destino, uma sala de reuniões improvisada num antigo prédio próximo ao centro arqueológico, o presidente da empresa tomou a palavra e foi logo dizendo que estávamos repletos de perguntas:

- Como criar valor de forma sustentável em um mundo com oferta abundante de produtos e serviços muito semelhantes entre si?
- Qual a importância do fator confiança, da gestão da marca, da cultura organizacional, da gestão da inovação, dos relacionamentos com as diferentes partes interessadas em uma organização?
- Qual a relevância dos fatores intangíveis para a criação de valor?
- Como preparar os dirigentes de uma empresa para a gestão dos intangíveis?
- Como formular estratégias na era do intangível?

O silêncio tomou conta do ambiente. Olhávamos para Drucker e Ansoff, aqueles dois monstros sagrados do management, na esperança de que trouxessem a solução para os problemas que enfrentávamos na empresa. Mas nesse exato momento tive a consciência de que, se insistíssemos com esse tipo de perguntas, esse encontro inverossímil produziria um resultado completamente diferente de nossas expectativas iniciais. Repetia mentalmente: "Não pretendíamos ouvir o que não disseram nem o que não pensaram. Pretendíamos 'apenas' imaginar o que eles pensariam se estivessem entre nós agora."

Igor Ansoff, como se quisesse quebrar o gelo, em vez de respostas e explicações, trouxe novas perguntas sobre as novas circunstâncias nas quais vivemos.

Aliviado, aproveitei para argumentar que, desde a década de 1950, temos procurado formar gestores e líderes com foco na gestão dos tangíveis como uma decorrência natural da visão fragmentada dos departamentos funcionais. Assim, buscamos capacitar especialistas. Desde aquela época, as competências valorizadas têm sido a gestão de capital e de estoques, máquinas e equipamentos, canais de distribuição, pontos de venda, bens e produtos, móveis, instalações, logística, processos produtivos, insumos e matérias-primas, instalações, enfim...

Desse modo, no passado, o valor de uma empresa era, grosso modo, 80% dos ativos tangíveis e apenas cerca de 20% dos intangíveis, como a marca, por exemplo. A ênfase na gestão dos tangíveis refletia os desafios típicos da era industrial e do foco no produto que caracterizaram o século XX. A tendência é que essa porcentagem se inverta e os intangíveis passem a ter um valor superior ao dos tangíveis.

— Infelizmente, a maioria das empresas ainda insiste em privilegiar de forma quase que exclusiva a gestão dos tangíveis — alfinetou a gerente financeira.

— Mas agora que as circunstâncias mudaram tanto, conforme a avaliação feita por vocês, quais são os novos fatores de competitividade? — pareciam querer perguntar os dois gurus.

Apressei-me, então, em enumerar os fatores intangíveis responsáveis pelo sucesso de uma empresa no mundo moderno: acessibilidade virtual; capital relacional em redes; gestão da marca; qualidade dos relacionamentos com os atores envolvidos no processo de criação de valor — acionistas, clientes, distribuidores, fornecedores, prestadores de serviços e terceirizados, comunidades e a sociedade em geral, colaboradores, parceiros e investidores; gestão da imagem e da reputação; clima organizacional; confiança interna e das partes interessadas na empresa; gestão da inovação; capital intelectual, capital liderança e cultura organizacional, entre outros.

Aí, com a curiosidade que caracteriza os grandes pensadores, nossos ilustres convidados deram a entender que gostariam de nos ouvir sobre os fatores que estimulam a valorização dos intangíveis a ponto de transformá-los em diferenciais nas empresas.

A gerente financeira dissertou sobre a forte tendência de comoditização de produtos e serviços, e como isso tem criado dificuldades para a atração, a conquista e a fidelização de clientes em vários negócios:

— Os produtos têm ficado cada vez mais parecidos; a diferenciação entre eles é cada vez menos evidente. O diferencial existe, não no produto em si, mas na percepção do cliente, na experiência que ele vivencia quando toma a decisão da compra, na hora da aquisição, ou quando vai utilizar o produto ou serviço. Ou até mesmo no atendimento pós-venda que algumas marcas praticam e outras, nem tanto.

Nesse momento, o presidente declarou:

— Assim como a gestão dos tangíveis foi a essência do management do século XX, a gestão dos intangíveis é a alma dessa nova era no século XXI.

Houve um silêncio de reflexão. O grupo parecia questionar se realmente se trata de uma coisa ou de outra. Seria o caso de fazer uma escolha simplista entre o tangível e o intangível?

Estava ficando nítida a necessidade de valorizar o intangível. Mas, embora o tangível não seja mais suficiente, continua sendo necessário para a competitividade. Concluímos que o diferencial da competitividade das empresas vitoriosas reside em ambos, uma espécie de combinação dos fatores tangíveis e intangíveis. Em suma: a chave da competitividade não reside apenas no tangível, como no passado, mas também nos intangíveis. E cada vez mais será o uso dos intangíveis que fará a diferença nos fatores tangíveis.

Tentando esclarecer ainda mais a questão, alguém sugeriu que o diferencial dos profissionais de sucesso está também nos intangíveis, mas não apenas neles. Mesmo porque não adianta o indivíduo ser bom de relacionamento e inspirar confiança se não souber o básico da gestão e se não tiver um profundo conhecimento do negócio e das peculiaridades da empresa. "Tangível e intangível têm de andar de mãos dadas", pensei com meus botões.

Ansoff parecia estar ouvindo o que eu não disse, mas eu também tive a impressão de que ele procurava uma fórmula para expressar o conceito de sinergia.

O nosso diretor de logística foi mais rápido:

— Lembram-se da explicação do conceito de sinergia por meio da fórmula "2 + 2 = 5"? O ponto com que todos estamos concordando aqui é que "T + I = SD", ou seja, tangível + intangível = sucesso diferenciado.

Essa representação simbólica foi bem recebida por todos. Aproveitei o clima para lançar uma frase de efeito:

— O que fideliza o cliente é aquilo que ele ou ela não pega nem vê, mas aquilo que sente. — E aí desatei a mencionar uma série de aspectos intangíveis que os clientes valorizam, como: relacionamento saudável, flexibilidade, personalização, transparência, credibilidade, confiança e cumprimento do prometido.

Todos, quase ao mesmo tempo, pediram para eu repetir a frase. Refletimos um pouco, mas alguns manifestaram, mais uma vez, certa surpresa com a ênfase atribuída ao intangível. Os gurus deviam saber, por estudos publicados e observações próprias, que o cliente não compra apenas o produto físico. No entanto, fiquei com a impressão de que não supunham que esse comportamento dos consumidores teria tanta relevância hoje em dia e que podiam imaginar o despreparo das empresas para atendê-los de forma adequada.

O DRH pegou o gancho daquela conversa e foi logo associando o intangível à ideia de liderança:

— Os liderados também aceitam, ou não, a liderança de um chefe por aquilo que eles não veem nem pegam, mas sentem no relacionamento com seu líder.

Quase foi aplaudido devido à veemência com que falou, colocando o coração em suas palavras.

O diretor de logística, em outro lampejo de bom senso, arriscou um palpite:

— O mesmo acontece na relação com os parceiros. O que não se vê, nem se pega, mas se sente, tem um peso crucial na hora de lidar com fornecedores, distribuidores, prestadores de serviços e até mesmo com os terceirizados.

Animados com o rumo da conversa, começamos, então, a nos revezar nos comentários instigantes. Um destacou o impacto da era dos intangíveis na gestão de clientes:

— Cabe aos líderes garantir que o comportamento dos atendentes da linha de frente traduza e reflita as expectativas dos clientes em relação aos atributos de uma marca na hora da decisão, da compra e do uso de um produto ou serviço.

Outro explorou as consequências dos fatores intangíveis na gestão de pessoas. Falou, por exemplo, das escolhas na hora de recrutar e selecionar pessoas, se devemos enfatizar os aspectos tangíveis (emprego anterior, educação formal, tempo etc.) ou focar no intangível, ou seja, na ética, na comunicabilidade, na criatividade e em atitudes integradoras, entre outras coisas.

Inspirados por esses comentários, formou-se logo um consenso entre os participantes do "encontro" sobre o impacto da era dos intangíveis na educação de executivos.

— Os programas de MBA correm o risco de ficar tão padronizados que podem virar um produto vulgar. No futuro será preciso oferecer uma espécie de "MBA dos intangíveis" como fator de diferenciação, semelhante à grande inovação promovida por Ansoff ao fugir da mesmice e criar na Universidade Vanderbilt o Master in Management para "agentes de mudança", há quase meio século.[3]

Concordamos, também, que os fatores intangíveis deveriam fazer parte da apuração do valor (*valuation*) de uma empresa, além de integrar qualquer avaliação prévia na hora de investidores tomarem decisões de compra ou venda, ou de valorização econômica.

Visivelmente empolgado, o presidente manifestou sua opinião:

76 | CÉSAR SOUZA

— A valorização não pode se limitar ao tangível, com apenas alguns poucos fatores intangíveis entrando nessa conta, como a marca, as patentes, a localização e o fundo de comércio. Precisa haver espaço para fatores como a qualidade das pessoas, o capital liderança, o clima, a cultura, enfim, certas características da empresa que são seu ativo mais diferenciado. Ou podem ser um passivo...

Cada afirmação era recebida com maior exaltação. Até que o DRH se retirou da sala e retornou poucos minutos depois trazendo uma garrafa de vinho e algumas taças.

— Proponho um brinde à era do intangível. Esse novo paradigma que buscamos para o renascimento da administração se acelera a partir do reconhecimento da importância da gestão dos intangíveis nas empresas. Estamos antevendo, meus caros, uma nova forma de pensar, que pode se tornar uma nova era do management.

Brindamos e saboreamos um razoável cabernet sauvignon, produzido com uvas cultivadas na costa do mar Egeu, bem perto do local onde Tales de Mileto — conhecido como um dos sete sábios da Antiguidade — previu corretamente, no ano de 585 a.C., um eclipse total do sol.

Enquanto isso, eu tentava entender o significado do que estávamos fazendo ali e interpretar a agitação que experimentava. A sensação era de estar participando de um daqueles momentos cruciais da história, em que ocorrem mudanças extraordinárias. Sim, a história é repleta de guinadas, algumas bruscas, em que novas circunstâncias reconfiguram o modo como vivemos e nos deixam atordoados. Exatamente como agora.

De repente, lá estava eu elaborando mais uma de minhas listas mentais, dessa vez de alguns grandes momentos históricos que assinalaram a mudança de um paradigma.

Grandes mudanças na história

Um dos primeiros grandes acontecimentos de que me recordei foi, coincidentemente, a transferência da sede do Império Romano para Constantinopla — nome pelo qual Istambul era conhecida na época. A mudança ocorreu no ano 324 d.C., por iniciativa do jovem imperador Constantino, que se convertera ao cristianismo em 312 d.C. Esse fato determinou o fim do apogeu de Roma, que dominara a civilização ocidental por mais de cinco séculos, marcando o término da Antiguidade e o início da Idade Média em 456 d.C.[4]

Foi uma mudança e tanto. Pode-se dizer que o Império Bizantino construiu a ponte entre a Antiguidade e o mundo moderno. Sem isso, as obras de Homero, Platão, Aristóteles e Sófocles talvez nem chegassem ao nosso conhecimento. Bizâncio inspirou a Renascença italiana, a idade de ouro islâmica do Império Otomano e o cristianismo ortodoxo russo. Graças à sua localização estratégica, Constantinopla tornou-se um privilegiado entreposto comercial nas rotas que ligavam a Europa ao Oriente e um efervescente centro cultural até ser conquistada pelos otomanos, em 1453.

A queda de Constantinopla também causou outra notável convergência de eventos de grande influência na história. Com o advento do poderoso Império Otomano, vários artistas e intelectuais educados na cultura greco-romana decidiram fugir de Constantinopla, criando condições para que a arte e a arquitetura florescessem principalmente no centro e no norte da Itália e na Holanda, o que deu origem ao movimento batizado de Renascença ou Renascimento.

Como o acesso às rotas tradicionais de seda e especiarias do Oriente ficou difícil de ser percorrido, ondas de navegadores zarparam dos portos de Portugal e Espanha, na costa do Atlântico, descobrindo o Novo Mundo e outro caminho para as Índias, em viagens que compuseram um dos acontecimentos mais importantes da história. Enquanto isso, a Reforma Protestante tomava conta de todo o norte da Alemanha, promovida pelo ex-sacerdote Martinho Lutero, e a prensa de Gutenberg era inventada em Mainz, na Alemanha, contribuindo para difundir conhecimentos de uma forma até então sem precedentes.

Como se não bastasse, a ciência fervilhava na Europa. Por volta de 1510, o estudioso polonês Nicolau Copérnico levantou a tese de que o sol — e não a Terra como se acreditava até então — era o centro do universo, logo após Colombo e suas viagens de descobrimento terem ampliado o mapa do mundo. Algumas décadas depois, Galileu Galilei também mapeou novos mundos. Com sua luneta, ele inspecionou a lua, o céu, as estrelas e chegou à mesma conclusão de Copérnico: a Terra não era o centro do universo. A ousada visão heliocêntrica — o sol como o centro — foi uma mudança e tanto de paradigma. Quase custou a vida de Galileu, que foi excomungado e obrigado a desmentir publicamente a tese. Mas ela já tinha ganhado domínio público.

"Foi como se, em uma encruzilhada, praticamente por acaso, acontecessem encontros extraordinários entre navegadores, pintores, sacerdotes, professores e cientistas", comparou o historiador e professor da Universidade de Harvard, Geoffrey Blaney, no livro *Uma breve história do mundo*.

No fim do século XVIII, outros acontecimentos imprevisíveis e simultâneos possibilitaram um novo momento de virada. O domínio da tecnologia desencadeou uma revolução na Inglaterra. No norte do país, foram surgindo cidades repletas de máquinas engenhosas que fiavam e teciam lã ou algodão, movidas pela queima do carvão. E, assim, um modo de vida que aparecera cerca de 10 mil anos antes e se espalhara por praticamente todo o globo — voltado majoritariamente à agricultura — estava em via de ser suplantado. As cidades industriais se tornaram o símbolo da nova era.

Por sua vez, o século XX foi moldado por outro paradigma: o fortalecimento da América do Norte e a

80 | CÉSAR SOUZA

crescente desunião e perda de hegemonia da Europa. De certa forma, esse século "começou" em 1914, com a eclosão da Primeira Guerra Mundial, e "terminou" em 1989, com a queda do muro de Berlim e o consequente declínio da União Soviética. A polaridade entre capitalismo e socialismo, que havia dominado a moderna economia industrial, deu lugar, no final do século, à multipolaridade, com o crescimento dos países emergentes. Por outro lado, a implantação de uma economia mundial cada vez mais integrada, operando além das barreiras das nações, universalizou a crise. Paralelamente, a internet, o *e-commerce* e as redes sociais têm alterado comportamentos e o modo como as relações são estabelecidas. Tudo isso vem trazendo novos e complexos desafios para as empresas, que anseiam por soluções inovadoras.

No livro *A era dos extremos*, o historiador britânico e professor da Universidade de Londres Eric Hobsbawm faz uma afirmação sobre o final do século XX que ainda permanece atual neste início de milênio:

No fim deste século, pela primeira vez, tornou-se possível ver como pode ser um mundo em que o passado, inclusive o passado no presente, perdeu seu papel, em que os velhos mapas e cartas que guiavam os seres humanos pela vida individual e coletiva não mais representam a paisagem na qual nos movemos, o mar em que navegamos. Em que não sabemos aonde nos leva, ou mesmo aonde deve levar-nos nossa viagem.[5]

PASSAPORTE PARA O FUTURO | 81

Vivemos, portanto, um tempo em que o passado deixou de iluminar o futuro. O grande desafio é substituir as ideias defasadas que nos guiaram até aqui por um novo repertório que nos conduza a um mundo novo.

As palavras do historiador britânico ainda ecoavam na minha mente quando a gerente financeira me cutucou, em sinal de aprovação a mais um possível comentário de Peter Drucker. Ele teria dito, em determinada ocasião, que a última parte do século XX seria reconhecida pelos historiadores como a época em que os indivíduos reassumiram as rédeas do seu destino. Drucker ainda nos alertou para o nosso grau de autoconhecimento, que está descrito no seu celebrado livro *O gerente eficaz*.

Cada um parecia imerso em profunda reflexão tentando responder intimamente às perguntas formuladas a partir dessa provocação. Não falei, mas dei-me as respostas: trabalho melhor pela manhã, funciono melhor em equipe do que sozinho, produzo mais sob pressão e sou melhor "leitor" que "ouvinte".

Um misto de introspecção e cansaço tomou conta dos participantes. Percebemos que era chegada a hora de parar e voltar ao hotel. Havia sido um dia intenso. Estávamos esgotados! Não apenas o "quinteto" da empresa, mas também os "convidados" ilustres.

Decidimos, então, tirar o dia seguinte de folga. Todos pareciam estar impressionados com a Turquia e desejosos de explorar um pouco o lugar.

4. Soprando as mais de 100 velinhas do management

— *O ano de 1911 foi um marco para a administração. Nesse ano, Frederick W. Taylor publicou* Princípios de administração científica, *livro pioneiro desse campo do conhecimento. Escrito com o objetivo de responder ao grande desafio da época (obter eficiência operacional em minas de carvão, nas incipientes instalações industriais e siderúrgicas de então), a obra forneceu o pilar para a construção das teorias que sustentam o management.*

Era assim que o recém-chegado professor abria suas explanações sobre a evolução do pensamento gerencial desde sua origem, no início do século XX. Na qualidade de ex-diretor de uma conceituada escola de Administração e meu mentor — quando eu precisava ouvir a voz de alguém mais experiente —, ele logo se prontificou a nos ajudar a entender como se desenvolveu o management, por meio de uma breve análise histórica.

Não poderia escolher um local melhor para relembrar as notáveis aulas desse querido professor de Teoria Geral da Administração do que a Biblioteca de Celso,

84 | CÉSAR SOUZA

construída pelos romanos em Éfeso. Aproveitamos o dia de "folga" para visitar suas ruínas. Para isso, o presidente resolveu fretar um jatinho executivo que nos levou de Malatya até Esmirna em um voo de 1h45. De lá foram alguns quilômetros de carro até Éfeso.

Hayal, o motorista que nos acompanhou na viagem, estava deslumbrado com seu primeiro voo. Durante o trajeto, ele nos informou que essa simbólica cidade grega foi erguida em 1.000 a.C., mas a que se vê hoje foi fundada no século IV a.C. por Lisímaco, sucessor de Alexandre, o Grande. Sob o domínio romano, a histórica cidade se tornou o ponto mais importante do mar Egeu, onde os heróis mitológicos de Homero ganharam vida. A cidade e suas redondezas têm vários pontos de visita obrigatória: os portais de Hércules, o Templo de Adriano e a modesta casa de pedra onde Maria, mãe de Jesus, teria vivido seus últimos dias, posteriormente transformada em um santuário reverenciado pela peregrinação tanto de cristãos quanto de muçulmanos.

Mas foi a biblioteca o que mais nos impressionou. Concluída em 135 d.C., tem em sua notável fachada de dois andares quatro nichos ocupados pelas deusas Sofia (Sabedoria), Areté (Virtude), Enoia (Pensamento) e Episteme (Conhecimento).

Ficamos instalados sob algumas árvores na lateral do prédio, que nos protegiam um pouco do sol e da claridade. Ali, nosso presidente nos incentivou a refletir sobre a evolução do management, na esperança de que essa análise inspirasse um novo olhar, outra compreensão e novas propostas de princípios mais coerentes e mais úteis aos desafios das circunstâncias que ora se apresentam.

O professor deu início à sua "aula" enfatizando dois marcos na história da administração: não apenas os mais de cem anos da obra mais famosa de Frederick Taylor, mas também os mais de setenta anos do livro *Concept of the corporation*, publicado por Peter Drucker em 1946, tratado seminal do management moderno.[1]

Ao longo do século XX, a administração evoluiu como resultado da modernização da sociedade. Não de forma organizada, mas como um complexo quebra-cabeça em constante movimento, procurou demonstrar o professor. O corpo de conhecimento nessa área é composto, tal qual a medicina, por diversas correntes, abordagens e especializações, representando maneiras peculiares de encarar as tarefas, as características e o gerenciamento do trabalho.

Quando surgem novos problemas, desafios ou fatos que alteram a compreensão dos fenômenos, a ponto de levarem a questionar certezas e crenças, criam-se as condições para um novo salto do conhecimento. Na medicina, por exemplo, isso aconteceu com o tratamento da gastrite e da úlcera.[2] No início dos anos 1980, a descoberta de que um grande causador dessas doenças era a bactéria *Helicobacter pylori*, e não apenas os alimentos condimentados, as bebidas alcoólicas e o estresse, como se pensava anteriormente, provocou

86 | CÉSAR SOUZA

uma mudança de paradigma que tem possibilitado tratar de forma mais adequada essa doença.

A reviravolta partiu de dois médicos australianos, Barry Marshall e Robin Warren. Patologista, Warren mostrou ao jovem colega Marshall uma biópsia da mucosa do estômago de um paciente com úlcera em que localizara a presença da bactéria. Resolveram estudar o assunto e encontraram o mesmo tipo de bactéria na maioria das pessoas com úlcera atendidas no hospital em que trabalhavam. Para testar a hipótese, Warren engoliu uma dose de suas culturas laboratoriais cheias de germes. Três dias depois teve uma crise aguda de gastrite. O quadro foi revertido com antibiótico. Aplicou o mesmo tratamento aos pacientes com úlcera e, em algumas semanas, o problema havia sido compreendido e tratado.

Os médicos escreveram artigos científicos relatando seu trabalho, mas mesmo assim não conseguiram mudar o protocolo de tratamento da úlcera. Isso só aconteceu em 2005, cerca de vinte anos depois do primeiro experimento, quando receberam o Prêmio Nobel de Medicina.

Não só a medicina tem sido obrigada a rever paradigmas. A economia também. Apesar da boa reputação conquistada ao longo das últimas cinco décadas do século XX, ela tem sofrido um sério revés nesse início do milênio por sua incapacidade de explicar adequadamente as sucessivas crises do mundo financeiro. O ganhador do Prêmio Nobel de 2008, Paul Krugman, chegou a afirmar em uma palestra na London School of Economics, em 2009, que a macroeconomia tem sido "espetacularmente inútil, na melhor das hipóteses, e positivamente prejudicial, na pior delas".[3]

As recentes crises colocaram em dúvida duas de suas crenças mais arraigadas: a de que os mercados se autorregulariam e a de que a inovação financeira seria sempre benéfica. Para sobreviver a esse impasse, os economistas terão de se distanciar das teses aprendidas nas escolas e olhar o mundo em transe como cientistas sociais, atentos ao impacto dos fatores não econômicos sobre o funcionamento do mercado.

Se as teses na economia são influenciadas pelo movimento pendular entre os ciclos de recessão e expansão, a administração movimenta-se na lógica do falso dilema entre a eficácia e a eficiência. Ora se enfatiza a eficiência produtiva, com foco quase exclusivo nas operações e nos resultados imediatos, ora a eficácia organizacional, com foco nas pessoas e no retorno mais sustentável ao longo do tempo.

Nesse instante, o professor foi interrompido pelo presidente da empresa. Para fins didáticos, ele propôs que a evolução do management fosse dividida em fases. O professor classificou, então, essa história em grandes ondas de desenvolvimento que me empenhei em registrar para, posteriormente, refletirmos mais a esse respeito.

A primeira onda: a Escola da Administração Científica

Frederick W. Taylor foi um engenheiro mecânico nascido em 1856, na cidade de Filadélfia, Estados Unidos. Aos 28 anos, tornou-se mecânico-chefe de uma siderúrgica de porte, a Midvale Steel Company, e depois diretor-geral da Manufacturing Investment Company. Na virada do século, mudou-se para Nova York a fim de atuar como consultor de engenharia de várias empresas, tendo sido, inclusive, eleito presidente da Associação Americana de Engenheiros Mecânicos, em 1906.

Taylor começou a estudar a natureza do trabalho no meio da década de 1880, tomado de um grande idealismo: pretendia libertar o trabalhador das minas e indústrias incipientes do pesado serviço braçal e da grande carga de ferramentas a que era submetido, proporcionando a ele uma vida mais decente por meio do aumento da sua produtividade.

Seus estudos iam ao encontro de um dos maiores desafios do empresariado da época. Além de precisar de capital para financiar os empreendimentos concebidos a partir da Revolução Industrial, havia a necessidade urgente de maximizar a produtividade dos trabalhadores para garantir retorno nesses investimentos. Como conseguir que as pessoas realizassem as mesmas atividades sempre, de forma repetida, com variações mínimas e eficiência crescente, a um custo menor?

PASSAPORTE PARA O FUTURO | 89

Ao buscar respostas para essas dificuldades, Taylor se tornou o pai do conceito de produção em massa. Seus experimentos visavam desenvolver uma "tecnologia humana e do trabalho" coerente com os avanços tecnológicos em curso naquele início de século.

Esse engenheiro introduziu a prática da análise dos tempos e movimentos das tarefas individuais para aferir e melhorar a performance dos trabalhadores. Depois de identificar os movimentos necessários para cumprir um encargo, ele definiu o tempo ideal de realização de cada um deles. Uma rotina quase mecânica que, ironicamente, remete à perfeição dos relógios suíços para medir as 24 horas de cada dia.

Sua crença básica — ainda hoje adotada por alguns líderes — era de que só havia uma maneira eficaz de realizar uma tarefa, cabendo aos gestores planejar e definir essa maneira, supervisionar a execução dos trabalhos (daí o cargo de "supervisor") e recompensar ou punir as pessoas de acordo com o desempenho comparado ao padrão.

A teoria proposta por Taylor foi de certa forma complementada por dois contemporâneos, o engenheiro de minas francês Henri Fayol, que trabalhou durante trinta anos na mineradora Commentry-Fourchambault-Decazeville, e o jurista e sociólogo alemão Max Weber. A diferença é que a ênfase de ambos estava na estrutura da organização do trabalho, enquanto Taylor priorizava a tarefa em si.

O francês definiu as funções básicas do gestor, o conhecido POCCC: planejar, organizar, comandar, coordenar e controlar. Foi, assim, um dos primeiros pensadores a ressaltar as qualidades da liderança. Ocupando o cargo de diretor-geral, ele salvou a metalúrgica de uma falência e garantiu credibilidade para suas ideias. Ainda hoje predomina a divisão em áreas funcionais para organizar o trabalho proposta no seu livro *Administração geral e industrial*, publicado em 1916, que seria: produção, comercial, financeira, contabilidade, gestão e administrativa, e segurança.

Já o alemão considerava eficiente um modelo organizacional caracterizado por regras rígidas e por sistemas de controle e de hierarquias. Ele estudou e aperfeiçoou o que ficou conhecido como burocracia — entendida como uma solução organizacional para evitar a arbitrariedade, o confronto e os abusos do poder.

Tentei interpretar o resumo do que fora apresentado até aquele momento: a maioria das empresas atuais ainda é guiada por ideias que surgiram em 1911 ou em 1916. E muitos líderes ainda se inspiram na crença básica de Taylor ("planejar, supervisionar e recompensar ou punir") e na organização do trabalho em departamentos funcionais definida por Fayol.

— Eu não fazia a mínima ideia de que a "burocracia" tinha esse objetivo — murmurou o diretor de logística. A gerente financeira e eu olhamos para ele com certo ar de desaprovação. O presidente saiu em sua defesa:

— Não se preocupe, muita gente também não sabe.

— Weber procurou, assim, formatar uma filosofia gerencial com base em princípios morais, desenvolvendo uma teoria que correlacionava a perspectiva da ética protestante às práticas de sucesso do capitalismo incipiente — esclareceu o professor. — Seu livro *A ética protestante e o espírito do capitalismo* é uma obra pioneira no estudo dos valores e da cultura organizacional.

As décadas iniciais do século XX também foram dominadas por crenças sobre a natureza do ser humano. Entre os economistas clássicos era bastante difundida a visão do *Homo economicus*, segundo a qual o ser humano é previsível, egoísta, utilitarista e movido a incentivos monetários. Princípios orientadores regiam o universo empresarial: divisão do trabalho, produção em massa, especialização de tarefas e hierarquia com clara distribuição de autoridade e responsabilidade.[4]

Esse conjunto de ideias ajudou a consolidar a primeira onda da doutrina gerencial, que enfatizou a eficiência produtiva, a estrutura organizacional e a impessoalidade nas relações. Representada por Taylor, Fayol e Weber, a Administração Científica, também chamada de Escola Clássica, tinha como pressuposto a racionalidade absoluta do ser humano e concentrou suas teses nos aspectos estruturais das empresas.

A Escola Clássica foi um terreno fértil para empreendedores como Henry Ford (Ford Company), que as aplicou no ramo automobilístico: "A maneira de fazer carros é fazê-los um como o outro, todos iguais;

92 | CÉSAR SOUZA

fazê-los sair da fábrica como os alfinetes saem das fábricas de alfinetes ou como os palitos de fósforos saem
da fábrica de fósforos", disse certa vez.[5]

Henry Ford e, em seguida, Alfred P. Sloan (presidente da General Motors) iniciaram uma verdadeira
revolução que serviria de base para o desenvolvimento
das mais modernas indústrias da época.[6]

— É verdade — assumiu em voz alta o presidente.
— Muitas empresas ainda estão estruturadas segundo
esses mesmos preceitos.

A segunda onda: a Escola das Relações Humanas

O professor procurou, então, explicar que a ênfase
na tarefa, na produtividade e na impessoalidade dos
mecanismos quantitativos para avaliar resultados con-
tribuiu para um elevado grau de desumanização no
ambiente de trabalho, abrindo espaço para uma nova
escola de pensamento mais voltada para o aspecto
relacional da organização. A Escola das Relações Humanas criticou de modo implacável a noção simplista
da natureza humana embutida no conceito de *homo
economicus* ao defender que o ser humano não pode ser
reduzido a esquemas mecanicistas.

Em 1927, um experimento que se tornaria famoso
começou a virar essa página da história da administração. Realizada por professores da Universidade
de Harvard, na fábrica de equipamentos telefônicos

da Western Electric, situada na pequena cidade de Hawthorne, nos Estados Unidos, a pesquisa pretendia mostrar que, aumentando a luminosidade no ambiente de trabalho, a produtividade também aumentaria. Os pesquisadores concluíram, porém, que o nível de produção não é determinado apenas pela capacidade física do empregado, mas também por normas sociais e expectativas grupais. A experiência evidenciou a importância da organização informal dos grupos de trabalhadores e de seus conflitos com as regras de trabalho formais.

Justiça seja feita ao trabalho precursor da norte-americana Mary Parker Follett, cujos escritos são bem anteriores aos experimentos de Hawthorne.[7] No início da década de 1920, ela já propunha que a melhor forma de equilibrar os conflitos internos não seria pela força, como preconizava a Escola Clássica, mas pela integração dos interesses de ambas as partes — empregados e empregadores. Essa autora ousava defender o trabalho em equipe numa época em que se praticava a administração autoritária. Dizia que métodos mais participativos e democráticos de gestão diminuiriam os custos oriundos dos conflitos e aumentariam a lucratividade.

Essa segunda onda da doutrina gerencial foi turbinada pelo psicólogo industrial australiano Elton Mayo, que desde 1923 já investigava as causas da alta rotatividade de pessoal numa empresa têxtil próxima à cidade de Filadélfia. Em função de seu trabalho na segunda

94 | CÉSAR SOUZA

fase das pesquisas em Hawthorne, ele ajudou a deslocar o foco do pensamento da organização puramente formal para os grupos informais, assim como dos incentivos puramente monetários para os psicossociais.

Uma variedade de abordagens e correntes começou a engrossar as fileiras do movimento das relações humanas e da nova concepção do ser humano: o *homo socialis*. Entre eles, destacam-se os trabalhos de William Dickson, Chester Barnard e Harold Leavitt.

Ideias inovadoras como essas prosperaram a partir do *crash* da Bolsa de Nova York, em 1929. Todas as "verdades" até então aceitas sem contestação começaram a ser questionadas. As teses da Escola de Relações Humanas — baseadas em pressupostos sobre a natureza humana, a natureza do trabalho, a forma de se organizar e de obter mais produtividade das pessoas — ganharam força, oferecendo uma nova perspectiva para a reconstrução das empresas devastadas pela primeira grande crise do capitalismo.

— Acho que de certa forma nos encontramos agora em uma situação semelhante — concluiu o nosso presidente. — Devemos definir quais "verdades" da administração precisam ser mais uma vez questionadas à luz dessa crise que já se arrasta há vários anos.

Nesse momento, sugeri uma breve pausa para digerirmos um pouco o enorme volume de informação que estava sendo transmitido. Providenciei água fresca para todos, servida numa jarra de cerâmica, e algumas tâmaras. Para que o almoço fosse rápido, nosso motorista trouxe *lahmacum*, espécie de pizza de carne moída, recém-saída do forno.

Circulamos um pouco mais pela Biblioteca de Celso, apreciando o vaivém dos inúmeros visitantes, mais preocupados em tirar fotos das atrações turísticas do que em apreciar a beleza e a magia do local. Fora do recinto, embaixo de uma grande árvore, vários senhores se aglomeravam em torno de tabuleiros de gamão (*tavla*). O jogo é um hábito nacional, praticado nas casas e em quase todos os bares, cafés e praças da Turquia.

Trinta minutos depois, o professor nos chamou de volta e continuou sua preleção.

A terceira onda: a Escola Motivacional

Em meados da década de 1940, já perto do fim da Segunda Guerra Mundial, surgiram estudos mais aprofundados sobre a motivação humana e as necessidades no trabalho, numa concepção que vai além das propostas da Escola de Relações Humanas. Mais uma vez, novas circunstâncias estavam moldando outros desafios para o mundo empresarial.

Vários autores começaram a propor reformas no trabalho e nas estruturas organizacionais para atender à necessidade de autorrealização das pessoas, considerando o ser humano mais dinâmico e ativo na busca de autonomia e autodesenvolvimento, e não um ser passivo como apregoavam as escolas Clássica e a de Relações Humanas.

96 | CÉSAR SOUZA

Essa terceira onda poderia ser chamada de Escola Neoclássica ou Escola Motivacional. O maior expoente foi o psicólogo norte-americano Abraham Maslow. Em 1943, ele afirmou que o ser humano tem necessidades complexas que foram hierarquizadas sob a forma de uma pirâmide. Na base ficam as necessidades fisiológicas (respirar, comer, dormir, ter relações sexuais) e de segurança (estabilidade no emprego, seguro de vida, plano de saúde), seguidas das necessidades sociais (interagir com pessoas, fazer parte de um grupo, ter amigos). O topo é ocupado pela necessidade de autorrealização (autonomia, independência, realização pessoal) e de autoestima (responsabilidade pelos resultados, reconhecimento). Segundo esse autor, as necessidades mais elevadas só podem ser preenchidas quando as demais estiverem atendidas. Daí a terminologia do *homo complexus*, como uma metáfora para essa fase do desenvolvimento do management.

Nesse momento, o DRH interrompeu a explanação para afirmar que os trabalhos de Maslow embutiam sempre uma questão-chave: do que as pessoas precisam para ser felizes? E serviram de inspiração para outras teorias sobre motivação e liderança, assinadas por Douglas McGregor, Rensis Likert, Chris Argyris, Frederick Herzberg e Warren Bennis.

Práticas inovadoras passaram a ser introduzidas nas empresas, por meio da descentralização e do redesenho de tarefas visando ao desenvolvimento das pessoas. O sagrado princípio da amplitude de controle, muito defendido pela administração científica, começava a ser desmantelado.

— Mas quem estabeleceu as bases do management moderno foi Peter Drucker — afirmou categoricamente o professor, enquanto trocávamos um olhar de cumplicidade. Considerado o pai da administração, ele inventou a gestão como disciplina e delineou as funções do manager, divididas em seis tarefas básicas: definir objetivos, organizar, motivar, comunicar, controlar, identificar e formar pessoas.

A quarta onda: a Escola Gerencial

Na década de 1950, Drucker criou o conceito de Administração por Objetivos (ApO), uma metodologia que virou prática obrigatória em diversas empresas do mundo como uma alternativa ao rígido controle burocrático. Esse sistema prevê um "compromisso por resultados", firmado pela pessoa e sua chefia, de modo a conceder ao indivíduo mais responsabilidade e autonomia de ação, e permitir à empresa descentralizar seus procedimentos.[8]

Economista, jornalista, professor, consultor e filósofo, Drucker era um pensador multidisciplinar e, portanto, muito diferente dos precursores, que eram "apenas" engenheiros, sociólogos ou psicólogos. Tornou-se um prolífico autor de obras fundamentais, entre as quais se destaca a já citada *Concept of the Corporation*, a primeira "bíblia" da gestão moderna.

98 | CÉSAR SOUZA

Enquanto nos servíamos de um *khave*, típico café turco bastante forte, a gerente financeira acrescentou que o guarda-chuva aberto pela filosofia gerencial de Drucker serviu de abrigo para vários movimentos pendulares entre a eterna busca da eficácia e da eficiência. A sua obra transcendeu modismos espasmódicos, como os movimentos de qualidade, gestão humanista, desenvolvimento organizacional, reengenharia causada pelo *downsizing* e pela gestão do conhecimento.

Ela sorriu marotamente quando o diretor de logística perguntou:

— Desde quando gente da área financeira entende de filosofia empresarial e conhece a obra de Drucker?

Perguntei, então, ao professor se o importante conceito das organizações como sistemas abertos, que devem se adaptar ao seu meio ambiente, serviu de fundamento ao pai do management moderno.

Ele explicou que a teoria geral dos sistemas, difundida na década de 1950 a partir dos estudos do biólogo Ludwig Von Bertalanffy, criou a base filosófica para um importante avanço em relação à Escola Clássica da Administração, que sempre considerou as organizações sistemas fechados.

Começou-se a delinear a tese de que o trabalho não poderia ser considerado apenas um conjunto de tarefas rotineiras e individuais justapostas, mas um sistema com uma unidade clara formada por partes que devem ser integradas entre si e com o ambiente.

Por isso, a metáfora para essa quarta onda seria o *Homo organizacional*.

Um grande diferencial da doutrina Drucker é a defesa da gestão como uma ciência social, cujo âmbito deveria transcender o mundo empresarial, pois lida com pessoas em contextos que ultrapassam o ambiente corporativo.

Em 1999, perguntaram a ele qual teria sido sua maior contribuição. Drucker respondeu que foi ter estabelecido o estudo do management como uma disciplina com domínio próprio, focada não em negócios (*business*), mas em pessoas e poder, em valores e estrutura, e, acima de tudo, em responsabilidades. "Foquei no estudo do management como uma disciplina e como uma arte liberal", respondeu o grande mestre.[9]

Seu pensamento inspirou diversos profissionais — executivos, professores e pesquisadores — em todo o mundo. Na esteira de sua abordagem pioneira, surgiram conceitos mais específicos como os de estratégia empresarial (Igor Ansoff, 1965), marketing management (Philip Kotler, 1967), vantagem competitiva e estrutura de competitividade (Michael Porter, 1980), empresas duradouras (James Collins, 1985), competências essenciais (C. K. Prahalad e Gary Hamel, 1980), inovação na gestão (Gary Hamel, 2007) e supercorporações (Rosabeth Moss Kanter, 2009). Por sua influência seminal em trabalhos como esses é que ele é considerado o pai do Management moderno.

A quinta onda: a Escola da...?

— Disrupções tecnológicas, o vaivém da globalização × nacionalismo, a digitalização, a mobilidade, os valores inusitados das novas gerações de trabalhadores e consumidores, as circunstâncias criadas pela era do intangível e a força das redes sociais; tudo isso está reconfigurando o mundo empresarial e exigindo de nós uma nova forma de pensar e praticar o management — ressaltou o professor.

A situação neste início do século XXI guarda semelhanças — não de conteúdo — com o processo que motivou a segunda onda do management, após a quebra da Bolsa de Nova York. Mais uma vez, um conjunto de acontecimentos afeta fortemente a sociedade e o mundo empresarial, e seu impacto tem sido exponenciado por uma série de novas circunstâncias e pela recorrência de cíclicas crises financeiras no cenário geopolítico.

Diante de tantos problemas e de fatos que alteram a compreensão atual sobre o funcionamento das empresas — levando-nos a questionar as certezas anteriores —, criam-se as condições para um novo salto do conhecimento. O professor terminou suas análises nesse ponto, mas eu não consegui parar e fui adiante com minhas reflexões.

A meu ver, esse é o cenário do movimento que poderíamos chamar de quinta onda no processo de evolução da administração. A metáfora que utilizaria para me referir a ela é a do *homo mutabilis*, ante a necessidade de buscar conhecimentos, de mudar, de aprender e, principalmente, de aprender a aprender. Ou a do *homo congregatio*,[10] para simbolizar a necessidade de se integrar, de buscar a convergência e de ter uma visão verdadeiramente sistêmica da era do pós-management, em contraposição à atitude fragmentadora que caracterizou as décadas de supremacia do management.[11]

Já era hora de voltar para Malatya, pois anoitecia. Antes de dar por encerrada sua aula, meu querido mentor agradeceu bastante o convite. Lembrou a todos que em Éfeso, por volta do ano 504 a.C., Heráclito, um dos mais famosos filhos da cidade e considerado um dos mais proeminentes filósofos pré-socráticos, criou a expressão "tudo flui" (*panta rei*), popularizando a ideia de que "a única coisa permanente é a mudança". Heráclito também dizia que "não se pode percorrer duas vezes o mesmo rio". Segundo ele, tudo deve ser considerado um grande fluxo perene no qual nada permanece como antes, pois tudo se transforma e está em contínua mutação.

— Heráclito identifica a forma do ser no "devir", sustentando que só a mudança e o movimento são reais e que a identidade das coisas iguais a si mesmas é ilusória — esclareceu o professor. — Para o filósofo, tudo flui.

Após cumprimentar um a um, o professor se dirigiu à saída, parou, deu meia-volta, encarou o grupo e não hesitou:

— A pergunta que me atormenta é: começaremos uma nova era, com novas crenças, pensamentos e comportamentos, ou continuaremos a repaginar a mesma história?

Em outras palavras, vamos inventar a lâmpada ou insistir em aperfeiçoar a vela?

5. A nova era do management

Um fato curioso movimentou a pacata Sobral, no Ceará, em 1919, e mudou os rumos da Física. Foi na praça central da cidade, a 235 quilômetros da capital, Fortaleza, que um grupo de astrônomos liderados pelos britânicos Charles Davidson e Andrew Crommelin, e inspirados pelo jovem Albert Einstein, comprovou a teoria da relatividade.[1]

Lembrei-me desse fato quando voltávamos para o hotel. A mudança de paradigma proporcionada pelo advento da nova teoria soava para mim como estímulo para procurar os contornos do paradigma do neomanagement e esboçar alguns princípios básicos de gestão necessários ao sucesso autossustentável da empresa moderna daqui para frente.

Ah! Se pudéssemos convidar o famoso físico e pedir a ele que nos contasse como havia promovido a mudança de paradigma ao conseguir provar a sua teoria, formulada quatro anos antes.[2]

— Mas você acha que Einstein participaria de um encontro sobre administração? — questionou o diretor de logística.

104 | CÉSAR SOUZA

— Não podemos ter certeza de nada, tudo é relativo... — contestou ironicamente a gerente financeira, que ouvia a conversa. E prosseguiu: — Fico imaginando como seria o diálogo dele com Taylor, que apenas oito anos antes da comprovação do paradigma da relatividade havia criado o primeiro paradigma do management, com a Escola da Administração Científica.

— Em qualquer circunstância — pensei alto —, ele provavelmente revelaria que sua teoria previa que a luz sofreria desvios ao passar perto de corpos de grande massa. Para testar esse enunciado, os cientistas resolveram fotografar estrelas próximas ao sol durante um eclipse em dois locais da Terra onde o fenômeno fosse perfeitamente visível. Depois, as mesmas estrelas foram fotografadas à noite para checar se a luz mudava de posição ao estar livre da influência do campo gravitacional do sol.

Além de Sobral, o eclipse foi observado na Ilha do Príncipe, possessão portuguesa na costa ocidental da África. Mas ali o dia amanheceu chuvoso e, das dezesseis chapas gravadas, apenas duas puderam ser aproveitadas. Já na cidade cearense, das dezesseis tentativas de registro, saíram sete imagens impecáveis. Assim, com o eclipse que se iniciou às 8 horas, 58 minutos e 29 segundos da manhã do dia 29 de maio de 1919, a teoria da relatividade foi provada em terras brasileiras, consagrando seu autor e modificando a teoria da gravitação universal de sir Isaac Newton, que reinara absoluta por mais de dois séculos. O objetivo foi alcançado com o auxílio de um conjunto de instrumentos — a luneta do observatório de Greenwich, a luneta de quatro polegadas do padre Cortie e o celóstato da Royal Irish Society — desenvolvidos a partir da célebre luneta de Galileu. O gênio italiano havia aperfeiçoado a invenção do holandês Hans Lippershey (1570-1619), de modo que as imagens ficassem mais nítidas e sem deformação. Ao observar, em 1610, montanhas e crateras na lua, manchas no sol e satélites ao redor de Júpiter, Galileu propôs que a Terra é que girava em torno do sol e não o contrário, como se acreditava até então.

— Um pequeno detalhe merece atenção — alertou o diretor de logística. — O nome correto do aparelho de Galileu e dos utilizados no eclipse de Sobral é luneta e não telescópio. Ao contrário do que se supõe, os termos não são sinônimos, já que os dois instrumentos funcionam por princípios físicos diferentes. A luneta é um refrator, só tem lentes; o telescópio é refletor, tem lentes e espelhos.

O DRH agradeceu por mim e afirmou que graças a essas ferramentas os cerca de 10 mil habitantes que viviam em Sobral na época testemunharam não apenas um fato histórico, mas um momento de virada, em que teorias anteriores são rompidas e surge um novo paradigma.

— Vale a pena acrescentar — enfatizei — que não foi Einstein nem os astrônomos britânicos que inventaram o fenômeno físico da relatividade. Ele sempre existiu, mas não era percebido porque faltavam instrumentos

106 | CÉSAR SOUZA

adequados para estudá-lo ou porque os cientistas não voltavam seu olhar nessa direção.

— Belo raciocínio! — incentivou o presidente. — A mesma lógica pode ser aplicada às novas circunstâncias que impactam, de forma contundente e perturbadora, o mundo empresarial contemporâneo. Os tradicionais conceitos do management não dão mais conta dos fenômenos que ocorrem dentro do universo empresarial. É preciso quebrar esse paradigma para dar origem ao novo.

O diretor de logística arrematou o raciocínio do nosso presidente com uma frase atribuída a Einstein: "A mente que se abre a uma nova ideia jamais voltará ao seu tamanho original."

— Sim, é preciso ter a coragem de relativizar dogmas que por muito tempo pareceram incontestáveis — completei, animado pelo comentário do colega. E, em tom de brincadeira, afirmei que sempre "traduzi" essa frase do Einstein dizendo que "a pasta de dente jamais volta ao tubo depois que sai". O riso foi geral.

— Que o acontecimento de Sobral e essas novas pesquisas nos inspirem a questionar e, quem sabe, até a mudar o paradigma que orienta o dia a dia das empresas — apressei-me então a opinar.

— Vamos chamar essa iniciativa de Movimento Neomanagement! — sugeriu o presidente. — Esse movimento requer novos instrumentos, que nos permitam enxergar a realidade sem distorções, e um olhar diferenciado, em busca de outros pontos de observação, capazes de expandir nosso campo de visão.

Tive a impressão de ouvir alguém pensando alto: "Ainda não dispomos dos novos instrumentos. Eles precisam ser criados. Mas já podemos exercitar um novo olhar a partir do incômodo decorrente da inadequação entre os princípios tradicionais do management e a nova realidade do mundo organizacional em reconfiguração. Só assim poderemos visualizar como pode vir a ser a neoempresa".

— Como seria a neoempresa? — lancei essa pergunta e pedi a cada um dos meus colegas que a respondesse com uma metáfora, uma ideia, uma imagem. Nesse momento, o pequeno jatinho iniciou os procedimentos para aterrissar em Malatya. O nosso guia, Hayal, nos levou para o hotel, a maioria já cochilando na van. Ao chegarmos ao lobby, nos dirigimos aos nossos aposentos sem compartilhar nossas impressões. A conversa sobre a representação de cada um a respeito da empresa do futuro teria de aguardar até o dia seguinte.

Assim que entrei no quarto, liguei o notebook para descarregar do meu iPhone as imagens digitais dos principais pontos por onde havíamos passado. Pretendia enviá-las para minha mulher e meus filhos ainda naquela noite. Pedi ao serviço de quarto uma refeição leve: peito de frango grelhado à maneira ocidental, como estava acostumado, acompanhado apenas de uma salada verde. Precisava de uma pausa alimentar.

108 | CÉSAR SOUZA

Enquanto relaxava o corpo, minha cabeça não parava de funcionar.

Pensava em como a administração tem se desenvolvido como ciência à medida que procuramos fazer pesquisas rigorosas, utilizando os métodos mais sofisticados e analisando os dados de centenas de empresas ao longo de anos. Mas será que algum dia conseguiremos isolar cientificamente as razões para o sucesso de uma empresa e compará-las com empresas de menor sucesso? Será?

A inquietação que eu sentira no início dessa viagem agora estava ainda mais intensa. Apesar de começar a ter uma visão mais clara sobre como representar a empresa do futuro, a imagem que me ocorria não era nada tranquila. Começara a imaginar a neoempresa como uma espécie de trem-bala trafegando em uma sinuosa montanha-russa.

SEGUNDO ATO

Um trem-bala na montanha-russa

6. A empresa que o momento exige

Lembra-se da polêmica que o computador causou ao surgir? Filmes de ficção científica dos anos 1960-1980, como o emblemático *2001 — Uma odisseia no espaço*, do diretor Stanley Kubrick (1968),[1] o perturbador *Colossus 1980* (que estreou em 1970)[2] e o inesquecível *1984*, baseado no romance de George Orwell (publicado em 1949 e adaptado para o cinema em 1956 e em 1984),[3] apresentaram essas máquinas como vilões capazes de dominar a humanidade. Além de estranheza, havia certo receio de que o ser humano fosse substituído pela máquina. Todos perderiam o emprego e, mais grave ainda, a liberdade e a privacidade. Não pude deixar de rir ao recordar tamanha ingenuidade.

Naquela manhã acordei bem cedo, tomei um rápido café e fui malhar um pouco. Além de fortalecer os músculos e estimular o coração, o exercício físico me ajudaria a organizar as ideias, que estavam fervilhando após as conversas com os gurus e a decisão de traçar os contornos do que seria a empresa que o novo e mutante momento exige.

À medida que fazia uma leve corrida, pensava que, no início, os usuários potenciais do computador não conseguiam perceber sua utilidade, apegados que estavam às suas velhas máquinas datilográficas. Estas, aliás, por décadas, constituíram fator de empregabilidade àqueles que as manejavam com maestria. Diante da dificuldade de assimilarmos o novo, tendemos a encará-lo, a princípio, como uma variação ou um aperfeiçoamento de uma ideia familiar ou antiga. Demorou para entenderem que o computador não era a evolução da máquina de escrever.

Da mesma forma, a empresa que o momento exige não deve ser vista como uma simples edição melhorada da velha empresa. Trata-se de uma entidade diferente, baseada em crenças e pensamentos originais bem distintos daqueles que embasaram a formulação das empresas ainda existentes.

Essa constatação é decisiva. Afinal, muitas empresas têm sido condenadas ao fracasso pelas mesmas estratégias que as fizeram ter sucesso há uma ou duas décadas. Isso explica por que ícones não conseguiram se manter de pé na hora em que precisaram competir pra valer, quando os ventos deixaram de ser favoráveis.

Já não são suficientes os princípios sob os quais elas floresceram: especialização e organização do trabalho em áreas funcionais, padronização dos produtos, economia de escala. Adicionalmente, viraram pó suas vantagens, antes consideradas inabaláveis, como o domínio das fontes de matéria-prima, o controle dos

PASSAPORTE PARA O FUTURO | 113

fornecedores, o acesso privilegiado a informações e as reservas financeiras vultosas.

No passado, se alguma coisa não andasse bem, havia tempo hábil para se ajustar e corrigir erros e eventuais desvios. Quando aparecia um competidor, as empresas não precisavam se preocupar muito, pois já estavam estabelecidas no mercado e cabia ao entrante provar que podia bater de frente com os outros e sobreviver, se tivesse sorte. Porém, no cenário de mudanças descontínuas em que vivemos, quem perde um dos sinais da estrada pode ficar irremediavelmente fora da corrida.

No atual contexto do mundo empresarial, com dramáticos altos e baixos e a elevada carga de adrenalina que nos remete à ideia de uma montanha-russa, não são apenas os mais fortes que engolem os mais fracos, nem somente os maiores que derrotam os menores. Agora também os mais velozes ultrapassam os mais lentos. Na "multicompetitividade" que presenciamos, a postura vencedora se assemelha mais às táticas de guerrilha: criar vantagens competitivas temporárias, destruí-las, criar outra vantagem, e assim sucessivamente. Esse esquema parece mais apropriado ao ambiente de alta volatilidade e virtualidade da economia do que as estratégias de guerra convencionais, que primavam pelo uso de estruturas grandes, hierárquicas e verticalizadas, e de pesados equipamentos para a conquista e a ocupação dos territórios almejados.

As circunstâncias mudam todos os dias, em qualquer lugar, em todos os negócios, e de uma forma cada vez mais imprevisível e acelerada. A velocidade virou questão de vida ou morte. Os dirigentes são forçados a decidir em tempo real, sem condições de percorrer as tradicionais etapas e rituais do planejamento estratégico.[4] À medida que o mundo se torna mais incerto e volátil, fica mais difícil prever o futuro. Não podemos mais fazer planos rígidos para um horizonte de dez ou vinte anos. Podemos, no máximo, definir rumos estratégicos. A prática tem demonstrado que, muitas vezes, quando os planos ficam prontos, as circunstâncias já mudaram.

E a velocidade é apenas um desses diferenciais. Começamos a aprender, a duras penas, que daqui em diante teremos não "apenas" de cuidar de nossos clientes, a fim de evitar o avanço de concorrentes que fabricam produtos similares ou prestam serviços idênticos aos nossos, mas também de lutar muito para blindar nossos melhores talentos contra o assédio daquelas empresas que precisam das mesmas competências críticas de que dispomos.

Poucas são as manobras dos adversários que podem ser previstas. Mas de pelo menos duas já temos certeza: primeiro avançarão sobre nossos clientes, em busca de *market share*, e depois sobre nossos melhores talentos, para seduzir nossa *competence share*. Ou vice-versa! E certamente irão atrás dos nossos melhores fornecedores, parceiros e investidores. É apenas uma questão de tempo...[5]

A empresa do futuro transita, enfim, por uma zona de alta turbulência, como uma sinuosa montanha-russa. Não pode ser vista como um bonde que trafega em trilhos urbanos, algo que ficou para trás. Está mais para um trem-bala, equipado com artefatos sofisticados, projetado e construído para se mover em alta velocidade sobre esses traçados imprevisíveis e dinâmicos que, muitas vezes, acabam aumentando nossa adrenalina.

Trata-se de um organismo multicentrado — isso mesmo, multicentrado —, pois a empresa moderna precisa ser repensada à luz de duas perspectivas: (1) ela está deixando de ser o centro do mundo corporativo — da mesma forma que a Terra deixou de ser o centro do universo; e (2) não possui apenas um único eixo, em torno do qual gira, mas gravita em torno de múltiplos centros: os clientes a quem serve, os parceiros que a complementam e as diversas entidades com as quais se relaciona, e, óbvio, as pessoas que nela trabalham.

Estava absorto nos meus pensamentos quando cheguei ao mercado. Comprei alguns pacotes de damasco seco, o principal produto de exportação de Malatya. Não resisti e também saboreei alguns figos secos ao retomar o caminho de volta ao hotel. No trajeto, pretendia passar por uma loja recomendada pela gerente financeira. Ali ela comprara uma pulseira muito bonita. Pensava em algo semelhante para levar de presente para minha esposa.

Mas em determinado trecho me perdi. Acabei seguindo uma ruela sem saída. Quando percebi o erro e fui dar meia-volta, estava cercado por dois sujeitos de aparência suspeita. "Pronto", pensei, "agora eles vão anunciar o assalto". Esperava pelo pior. Eles passaram, então, a falar coisas incompreensíveis e a fazer gestos como se quisessem me expulsar dali. Só então me dei conta de que havia entrado em uma área privada, no terreno de uma residência particular.

Afastei-me dali o mais rápido possível, mas procurei me acalmar lembrando que os turcos são expansivos, gostam de tocar nas pessoas e, apesar de às vezes soarem barulhentos, em geral são bastante afáveis, educados, generosos e especialmente carinhosos com as crianças, que eles consideram um "tesouro nacional".

Coloquei a mão no bolso à procura do celular. O Google Maps me mostraria como retornar ao hotel. Foi quando me lembrei que havia deixado o aparelho no quarto, carregando. Parei no primeiro bar que encontrei, pedi um café duplo e, enquanto me refazia do susto, tratei de levantar informações sobre o melhor caminho para voltar ao hotel. Mas tive dificuldades de obter a orientação de que necessitava devido à barreira do idioma. Até que um senhor, muito simpático, ajudou-me a encontrar a rua da qual me desviara.

Mais tranquilo, fui relacionando mentalmente as principais características da empresa que precisamos construir:

- **É uma entidade multicentrada,** que gravita em torno de clientes, parceiros, investidores, comunidades e demais partes interessadas, em vez de ser o centro de gravidade do universo corporativo, como estamos acostumados a imaginá-la. Nesse sentido, a neoempresa deve ser pensada e construída sob uma dupla perspectiva: tanto de "dentro para fora" (processos, sistemas, estrutura, produtos) quanto, simultaneamente, de "fora para dentro" (clientes, parceiros, comunidade e investidores).
- **Integra, de forma orgânica,** o seu (1) modelo de negócios; (2) modelo de gestão; e (3) modelo organizacional (estrutura), indo muito além da colcha de retalhos que caracteriza as fragmentadas empresas tradicionais.
- **Constrói um propósito e um mapa de geração de valor,** em vez de apenas buscar atingir resultados de curto prazo. Essa construção de valor é decorrente do significado percebido pelas entidades, inclusive a sociedade em geral e as comunidades onde a empresa atua, que fazem parte do seu ecossistema, o que conduz a resultados surpreendentes, indo muito além do mero valor econômico. Tem como premissa básica a ética, a integridade e a transparência.
- **Atrai e desenvolve líderes inspiradores,** verdadeiros "construtores de pontes", que investem na formação de outros líderes, indo muito além dos

118 | CÉSAR SOUZA

chefes "construtores de paredes", individualistas e sectários, que formam apenas seguidores.

- **Coloca o cliente no centro de tudo,** uma vez que sabe que seu sucesso é consequência direta do sucesso de seus clientes, distribuidores e parceiros. Educa o cliente para o que de fato ele necessita, indo muito além de simplesmente atender a seus desejos e "superar suas expectativas". Luta pelo progresso da clientela, em vez de apenas buscar a sua própria evolução. Vende soluções, e não apenas produtos e serviços!

- **Customiza a gestão das pessoas,** em vez de apenas gerenciar cargos. Respeita a individualidade de cada um, oferecendo uma razão inspiradora para suas vidas. Obtém, assim, o melhor do seu patrimônio humano, indo muito além de meramente contar com colaboradores satisfeitos.

- **Valoriza o intangível,** em vez de apenas o tangível. Diferencia-se dos concorrentes por cultivar confiança, capital humano, relacionamentos, cultura, clima de inovação, indo muito além da gestão eficiente de capital, equipamentos, estoques, tecnologia e instalações.

- **Desenvolve uma cultura integradora,** organizada por negócios, indo muito além de apenas incentivar a tradicional cultura fragmentadora, baseada no gerenciamento de estruturas funcionais. Constrói "arquipélagos de excelência", em vez de "ilhas de competência".[6] Busca alto grau de integração tanto

PASSAPORTE PARA O FUTURO | 119

nas suas equipes de alta performance quanto na arquitetura de poderosos *hubs* de parceiros, ultrapassando a mera gestão eficiente de fornecedores e prestadores de serviços.

- **Cultiva a paixão,** em vez de valorizar apenas as pesquisas de motivação de funcionários e de satisfação de clientes. Constrói em todos os níveis e em todos os componentes do seu negócio um clima de apaixonamento, indo muito além de ser apenas uma "empresa admirada".

- **Reinventa-se continuamente,** criando uma cultura de inovação permanente, ao incorporar clientes e parceiros na busca de soluções a quatro mãos, integradas e conjuntas, superando a criatividade espasmódica das "caixinhas de sugestões".

Além de todos esses fatores, a empresa que o momento exige:

- **Incorpora a sustentabilidade ao seu modelo de negócios,** identificando o fator crítico para os seus diversos públicos. A prática da sustentabilidade será diferente para o usuário de uma rodovia, o morador de uma comunidade instalada sobre um gasoduto e o acionista de uma cadeia de hotéis, por exemplo.

- **Coloca a tecnologia a serviço do ser humano e não o contrário,** estimulando, assim, o *"high touch"* sempre que precisar da *"high tech"*. Em resumo, zela pela "tecnologia humanizada", que facilita e não vira uma barreira para seus clientes nem para os colaboradores.

- **Estrutura-se de forma horizontal, direta, flexível, focada em centros de resultados e em negócios,** em vez de se organizar por uma estrutura funcional e por centros de custos. Edifica, assim, um modelo de governança sadio que evita engessar o processo decisório e, consequentemente, afugentar os talentos inquietos das novas gerações.

Enfim, essa empresa que precisamos construir é regida pelas normas universalmente aceitas para se definir uma empresa ESG, mas sem esquecer o foco em resultados, pessoas e clientes.

Concluí que os líderes da neoempresa que precisamos construir visualizam o futuro, enquanto garantem o presente, buscando no curto prazo a excelência do longo prazo. Não visam apenas ao crescimento desenfreado, mas ao desenvolvimento que a torne longeva e autossustentável. Concluí ainda que os líderes desse tipo de empresa **valorizam o sonho como a primeira etapa do planejamento estratégico,** que deixa de ser apenas um ritual lógico e racional para registrar decisões e metas, e passa a levar em conta as aspirações de empreendedores, clientes e colaboradores.[7]

Parei por uns instantes e respirei fundo. Precisava de um volume adicional de ar para desacelerar um pouco a minha mente.

Quando cheguei ao hotel, encontrei o DRH, que se dirigia ao restaurante para o café da manhã.

— *Günaydin!* — cumprimentei-o, desejando-lhe um bom-dia em turco.

Ele sorriu, comentou sobre minha pronúncia meio desajeitada e me informou que os demais colegas se reuniriam ali dentro de meia hora.

Havíamos combinado de fazer quase uma imersão por três ou quatro dias para elaborar nosso "passaporte para o futuro" e identificar os contornos da empresa que desejávamos construir. Quais seriam os direcionadores da estratégia, da gestão de clientes, os resultados desejados, as pessoas e a estrutura, as competências a adquirir, a cultura empresarial e nossas prioridades? Não sabíamos as respostas, mas assumimos o desafio de tentar encontrá-las nos próximos dias.

Durante a minha habitual caminhada matutina, já tinham me ocorrido várias ideias. O esboço do que a empresa deveria se tornar começara a ficar cada vez mais claro para mim. Enquanto tomava uma ducha alternando água morna e fria, lembrei-me de uma frase atribuída ao general cartaginês Aníbal: "Ou nós encontramos um caminho, ou abrimos um."[8]

7. Sonho: a primeira etapa da estratégia

— Um *çayi*, por favor! — disse ao garçom, ao pedir um delicioso chá preto, a bebida não alcoólica mais tradicional da Turquia, servida em copos de vidro em forma de pequenas tulipas. O chá substituiria o café do desjejum naquela manhã em que eu me sentia particularmente inspirado para discutir os contornos da neoempresa.

Ao meu lado, na mesa do café, estavam o DRH, a gerente financeira e o diretor de logística. Perguntei aos colegas se haviam pensado em uma metáfora para representar a neoempresa, como havíamos combinado no dia anterior.

— Para mim é como um navio, um porta-aviões — respondeu a gerente financeira. — Gosto daquela velha ideia de questionar: estamos todos no mesmo barco? A diferença é que agora precisamos navegar em águas turbulentas.

— Eu penso em um avião — afirmou o diretor de RH. — Também gosto de outra imagem antiga, aquela de trocar o motor do avião em pleno voo.

— São imagens interessantes — comentei —, mas prefiro algo mais inusitado.

— Como o quê? — quis logo saber o diretor de logística.

— Para mim, a empresa que o momento exige é como um trem-bala trafegando numa sinuosa montanha-russa.

Os três riram e aplaudiram. A minha metáfora tinha caído no agrado deles.

Terminado o café, fomos até a sala reservada para o encontro. Aos poucos, foram chegando os gurus, acompanhados pelo presidente.

O líder maior de nossa empresa abriu a reunião apresentando o tema do dia: estratégia. Contou que, segundo um artigo publicado na revista de Harvard pela maior autoridade no assunto, Michael Porter,[1] renomado economista e professor daquela instituição, o desempenho empresarial é motivado por dois fatores: estratégia e execução.[2] Estratégia é o desempenho diferente de atividades similares às executadas por empresas rivais, ou o desempenho diferente de atividades diversas das realizadas por elas. Esse pensamento é complementado por outro professor de Harvard, Phil Rosenzweig, segundo o qual estratégia não é meta, objetivo ou alvo. Tampouco é uma visão, uma missão ou uma declaração de propósito. Consiste em sermos diferentes de nossos rivais em algum aspecto importante. O presidente continuou sua explanação referindo-se à forma como a estratégia geralmente é traçada nas empresas:

— Os velhos cânones da administração ditam que o planejamento deve ser o resultado final de uma sequência de eventos racionais e objetivos. Por trás da estratégia haveria uma lógica mais ou menos assim: os diretores se reúnem, consultam as pesquisas de mercado mais atualizadas e confiáveis, analisam os cenários otimistas e pessimistas, as ameaças e as oportunidades, as forças e as fraquezas da empresa, definem o nicho de clientes a ser atendido, discutem as alternativas e elaboram um plano de ação. Na prática, porém, o que se observa é que só isso não funciona. Tem de ter algo a mais, um passo adiante.

Interrompi-o e disse que vários casos de sucesso apontam que as estratégias empresariais muitas vezes são fruto de um desejo pessoal transformado em sonho coletivo. O empreendedor tem um sonho a partir do qual elabora um projeto. Percebe as necessidades de clientes potenciais, formula um modelo de negócios, busca aliados, expressa suas aspirações, luta por elas, motiva parceiros, investidores e colaboradores, e a empresa toda abraça a causa.

Disse tudo isso olhando para Ansoff, tentando sondar o que ele achava dessa linha de raciocínio. Criador de um modelo de planejamento estratégico que prevê uma sequência de decisões voltadas para a expansão e a diversificação empresarial, eu queria saber a opinião dele sobre o fato de algumas estratégias vitoriosas

126 | CÉSAR SOUZA

levarem em consideração a intuição, o comprometimento e a paixão das pessoas envolvidas. Realizam, de forma equilibrada, um tripé de sonhos: o do empreendedor, o dos clientes e o das equipes. Não consegui me controlar e afoitamente fui logo concluindo:

— Resultados econômicos e financeiros são uma consequência natural desse conjunto de sonhos harmonizados.

— Mas atenção — meus colegas pareciam querer alertar. — Sonhar não é ficar tentando adivinhar o futuro.

— Sonhar é inventar o futuro! — pensei em voz alta.

Demonstrando concordância com a minha dedução, eles acrescentaram:

— É necessário definir em conjunto o rumo e a forma pela qual chegar lá.

Todos se lembraram da clássica pergunta de Drucker — "Qual é o nosso negócio?" — como sendo uma das questões básicas para a formulação da estratégia. A falta de clareza quanto ao rumo pode ser o maior inimigo do sucesso de um empreendimento. A estratégia clara e disseminada, por sua vez, tende a ser um importante instrumento de alinhamento entre as pessoas.

— Como assim? — bradou o diretor de logística. — Todos sabemos que o segredo é a alma do negócio. E vocês estão querendo dizer que a estratégia deve ser divulgada na empresa com o objetivo de facilitar o alinhamento?

Respiramos fundo, e falei com legitimidade:

— Precisamos entender de uma vez por todas que o maior concorrente de uma empresa nem sempre é quem fabrica o mesmo produto ou presta o mesmo serviço, como fomos levados a crer ao longo de décadas de reinado das ideias do management tradicional — destaquei. — Quase sempre o maior concorrente reside na nossa própria casa, quando o rumo não está claro para todos, quando a estrutura não é um espelho da estratégia desenhada, quando falta integração entre as pessoas e entre as áreas.

A conversa prosseguia bastante animada quando um dos notáveis, não me recordo exatamente quem, perguntou:

— Qual o maior desafio que a sua empresa enfrenta na gestão do negócio?

— Execução! — bradou sem pestanejar o presidente, com a unânime concordância de todos.

— Como vocês descreveriam esse desafio de execução? — perguntou outro guru.

— As estratégias são decididas, mas não saem do papel. As coisas não são feitas em tempo hábil, somos lentos em colocar novos produtos no mercado; parece faltar comprometimento das pessoas responsáveis pelos projetos. Temos bom planejamento, o que falta é **fazejamento** — todos nos apressamos a responder, ao mesmo tempo, sobre o problema que tanto nos aflige.

— A que vocês atribuem essa característica da empresa de vocês? Quais as causas? — continuaram a provocar

128 | CÉSAR SOUZA

os gurus, utilizando o método de fazer sucessivas perguntas para estimular o interlocutor a tomar consciência de sua situação e buscar em si mesmo as respostas, em vez de esperar dos outros as fórmulas prontas.

Esse método teve em Sócrates o seu pioneiro. O filósofo grego, que viveu entre 470 e 399 a.C., gostava de ironizar as "certezas estabelecidas" dos seus alunos e provocava-os a trazer à tona suas próprias ideias. Sócrates dizia que não pretendia informar, mas formar as pessoas. Aquilo que viesse do mestre em sentido unidirecional teria um efeito exterior, superficial, sobre a consciência do aluno. O método ficou conhecido como maiêutica, nome inspirado na profissão de sua mãe, que era parteira. Assim, exercitando-se na maiêutica, ou seja, na "arte da parteira", os alunos de Sócrates poderiam dar à luz suas próprias ideias, buscando a verdade no interior de si mesmos.

O presidente retomou o fio da meada da sabatina, dizendo:

— Acho que o baixo nível de implementação é uma resposta das pessoas a um processo que não as envolve. As decisões são normalmente tomadas no nível dos dirigentes e depois levadas ao próximo nível para serem implementadas.

— O que mais, especificamente? — continuavam com a bateria de perguntas.

— Falta de atenção para o lado emotivo e intuitivo das pessoas, pois nossos processos são muito racionalizados — disse o DRH.

PASSAPORTE PARA O FUTURO | 129

— Falta reconhecimento quando as coisas são bem executadas, no prazo; faltam incentivos claros — afirmou o diretor de logística.

— Medo de errar — sugeriu a gerente financeira.

— Resistência à mudança — insinuei.

Aí veio a pergunta mais complexa, mais difícil de responder, porém a mais elucidativa:

— Quais crenças ou ortodoxias embasam tais práticas e que comportamentos de vocês levam a essas situações?

Hesitamos bastante antes de responder. No final, acabamos listando duas crenças que podem realmente estar na origem do nosso problema de execução ineficaz.

A primeira pode ser expressa pelo arraigado dito popular "você é pago para fazer e não para pensar", que se instalou na empresa como uma doença crônica. Não conseguimos mudar essa crença, principalmente nos níveis intermediários. Ela nos levou a ter uma área de planejamento estratégico que age de forma separada de quem executa, conduta que nos direciona a um processo elitista de planejamento, ou seja, nós não vemos a execução como parte da estratégia.

A segunda crença é simbolizada por outro ditado: "Cada macaco no seu galho". Essa visão fragmentada dificulta muito a execução, pois uma área depende da outra. Mesmo que cada uma cumpra a sua parte, sem integração, o encaixe das coisas fundamentais acaba não ocorrendo no tempo necessário.

— Entenderam agora por que, enquanto não mudarem algumas crenças, vocês não vão conseguir um nível melhor de execução? — pareciam perguntar, a uma só vez, os gurus.

— Execução é apenas um sintoma. A causa do problema é muito mais profunda — comentou nosso diretor de RH.

— Resistência à mudança também é outro sintoma — pensou em voz alta a nossa jovem gerente.

— Não podemos mais ficar reféns do fantasma da "resistência à mudança" — disse o DRH, aproveitando o gancho. — O baixo nível de implementação das estratégias precisa ser enfrentado na sua origem, como acabamos de aprender. Temos de atacar as crenças que nos impedem de ter uma postura mais assertiva.

Todos pareciam concordar. E continuou:

— As empresas têm de mudar continuamente, de forma proativa, e implementar as mudanças necessárias, isto é, pôr em prática as estratégias planejadas. Não há escolha nesse assunto. Não podem mais se dar ao luxo de perder tempo com uma execução ineficiente, de ficar apenas seguindo as regras de mercado e espreitando os concorrentes para montar suas estratégias, sem a certeza de que sairão do papel.

O nosso presidente aproveitou para lançar mais uma de suas frases eloquentes:

— O futuro não oferecerá um lugar de honra no pódio a imitadores e seguidores de regras, nem a quem

PASSAPORTE PARA O FUTURO | 131

se agarra unicamente a determinado ângulo no jogo da competição.

E prosseguiu dizendo que as empresas vencedoras serão as "quebradoras de regras", as que se transformam, em um segundo momento, nas "fazedoras de regras" por excelência.

O diretor de logística retrucou que há exemplos bem-sucedidos de empresas seguidoras de regras que desenvolveram estratégias adaptadoras.

"Dificilmente elas terão vida longa se conservarem essa prática como único script", era o que se podia ler na expressão dos sábios.

Começamos a compreender que as empresas vencedoras não oferecem apenas seus produtos e serviços de modo a assegurar uma única vantagem competitiva, mas se empenham em criar vantagens competitivas de forma ininterrupta, muitas vezes até erodindo algumas de suas próprias vantagens para competir melhor. Elas mudam a base da competição do seu setor como um todo. Pioneiras, não se satisfazem ao simplesmente atender a expectativas, mas procuram criá-las; não fazem apenas o que os clientes desejam, mas fazem o que de fato eles precisam, educando-os para perceberem essa diferença.

— Como, então, essas empresas definem o rumo e elaboram suas estratégias? — perguntou o presidente.

— Acho que já localizamos uma característica importante — fiz questão de salientar. — **Elas valorizam**

o sonho como a primeira etapa do planejamento estratégico.

Os participantes da reunião sugeriram que eu estava tirando conclusões precipitadas. Após um intenso debate, elaboramos uma lista com ações que algumas empresas já realizam, ainda que timidamente, para a construção de estratégias mais eficazes:

1. Constroem, antes de mais nada, **um propósito** para a empresa e para cada equipe. Indicam um rumo claro, um "porto de chegada", dando significado à vida das pessoas que nela trabalham. Constroem algo que transcende o dia a dia, a missão e a visão, conceitos tradicionais do passado. Convém destacar, porém, que são causas com relevância. Pouco adianta apresentar um belo propósito se ele não tiver importância para as pessoas e para os clientes.

2. Viabilizam a realização de sonhos dos seus clientes por intermédio de um modelo de negócios com **soluções integradas**, em vez de apenas vender pacotes de produtos e serviços.

3. **Criam valor** para toda a rede, não apenas para os acionistas, e assim desenvolvem todo o setor visando a autossustentação do negócio, mediante um mapa de geração de valor.

4. Praticam a **cocriação**, isto é, integram os clientes, os colaboradores, os parceiros e demais entidades rele-

PASSAPORTE PARA O FUTURO | 133

vantes nas decisões estratégicas, em vez de apenas buscá-los para executar decisões já tomadas.

5. Buscam **alta diferenciação** de produtos e serviços com menor custo e melhor preço, o que parece impensável para os estrategistas aprisionados pelo modelo tradicional.

6. Imprimem uma **velocidade de resposta** que surpreende seus competidores e encanta os clientes, por serem tão ágeis quanto a própria mudança.

7. **Desenvolvem alianças estratégicas** sinérgicas e complementares.

8. **Reinvestem seus resultados,** criando riqueza onde operam.

9. **"Juntam o injuntável",** compatibilizando aparentes paradoxos que foram impostos pelo velho modelo mental da fragmentação. Harmonizam, assim, os falsos dilemas: o tangível e o intangível, a estratégia sofisticada e a eficiência operacional, o curto e o longo prazos. Fora isso, equilibram as tensões entre o que não podemos dispensar e o que devemos renovar, entre a continuidade e a mudança, entre o eterno e o moderno,[3] entre o essencial e o mutável.

— Mas já aprendemos que a estratégia NÃO é tudo! — sublinhou o diretor de logística, relembrando a verdadeira sabatina pela qual passáramos cerca de uma hora antes. E foi enumerando as sucessivas dificuldades encontradas por nós na hora da implementação.

134 | CÉSAR SOUZA

Lembramos a explicação, sempre enfatizada pelo professor, para as falhas ao tirar as estratégias do papel. Ele insistia que o paradigma tradicional, baseado nos princípios da especialização e da divisão funcional do trabalho e na fragmentação decorrente disso, separou o pensar do fazer e o planejamento da ação, como nós já havíamos apontado. Essa forma de pensar ensinou os atuais dirigentes a concentrarem seus esforços no desenho de estratégias empresariais sofisticadas, capazes de enfrentar os complexos desafios do cenário corporativo.

Consequentemente, a definição da estratégia passou a ser percebida como a tarefa número um, a mais nobre do principal dirigente de qualquer empresa ou assessoria especializada na forma de um departamento; uma espécie de apêndice organizacional responsável pelo planejamento estratégico. Criou-se, então, uma casta de visionários, bem-dotados e bem-informados. Essas mentes privilegiadas seriam capazes de conceber o futuro para que os outros, a grande maioria, fossem encarregados da execução, de transformar o futuro imaginado em realidade.

— Vocês alguma vez acreditaram que essa separação entre o planejamento e a ação daria certo? — era como se os notáveis nos perguntassem. "Claro que não funcionou, nem vai funcionar", pensei. "Isso parece tão óbvio, por que será que a maioria das empresas continua utilizando o mesmo modelo para desenhar suas estratégias brilhantes que teimam em não sair do papel?" E comentei em voz alta:

— O cemitério corporativo está cheio de empresas que desapareceram antes que suas estratégias fossem implementadas.

Chegamos ao consenso de que é a execução, ao lado da estratégia em si, o que diferencia os vencedores dos perdedores. Daí adicionamos esse componente fundamental da construção da estratégia às neoempresas.

O décimo item da lista de ações das empresas não mais aprisionadas aos dogmas obsoletos da era do management tradicional é:

10. **Execução.** Não é algo que ocorra depois de definida a estratégia. Deve ser considerada parte integrante da estratégia e de seus objetivos, elemento importante da cultura da empresa. Praticada com muita disciplina, precisa ser percebida como um sistema, uma tarefa importante de todos os responsáveis por um centro de resultados, ao contrário do que em geral supõem uns poucos privilegiados no topo da empresa, que sempre consideraram a execução uma etapa posterior do planejamento estratégico.

Ao encerrarmos as discussões, concluímos que essas práticas apontadas não esgotam o arsenal que o novo momento exige das empresas na construção das suas estratégias, mas já sinalizam o novo rumo a ser adotado por elas.

136 | CÉSAR SOUZA

— Já que estamos encerrando nossa conversa sobre o binômio estratégia-execução, duas faces da mesma moeda, gostaria de fazer outra pergunta — sugeriu o presidente, olhando sorrateiramente para os gurus. — Não precisam responder agora, mas pensem a esse respeito, pois podemos utilizar o mesmo método para refletir sobre outros desafios da empresa. Qual prática de gestão mais afugenta os bons clientes da nossa empresa?

— Eu gostaria de fazer uma pergunta complementar: qual prática de gestão mais afasta os funcionários talentosos da sua empresa? — provocou um deles.

Mais uma vez presenciamos um silêncio perturbador!

Lembrei-me de mais uma ressalva feita certa vez por Drucker, de que o planejamento não direciona o futuro, e qualquer tentativa nesse sentido seria em vão, já que o futuro é imprevisível; diante de incertezas, o planejamento define o lugar específico em que você deseja estar e como pretende chegar lá!

Sorrimos, de algum modo aliviados por não ter de responder àquelas perguntas instigantes naquele momento.

Satisfeito com a conversa daquele dia, o presidente sugeriu um *hammam*: banho turco a vapor, seguido de esfoliação da pele com uma escova para remoção de células mortas, aplicação de uma espécie de lama medicinal e, no final, uma relaxante massagem com óleo. Como existem instalações reservadas apenas a mulheres, a nossa jovem gerente para lá se dirigiu, sem pestanejar. Os outros dois colegas não aceitaram bem a ideia, alegando preferir ir descansar nos seus aposentos. Eu repeti a dose, pois já havia experimentado aquela dica dada pelo recepcionista do hotel, que sempre se mostrou muito solícito com o nosso grupo de hóspedes e havia me garantido que o *hammam* tem efeito rejuvenescedor.

8. O cliente no centro de tudo

Havia algo diferente no ar. Uma espécie de agitação tomava conta dos habitantes de Malatya naquela manhã. Durante minha caminhada, observei nos mercados e nas praças grupos falando em voz alta e gesticulando intensamente. Como eu gostaria de ter entendido o conteúdo daquelas conversas acaloradas! Infelizmente, porém, meus conhecimentos da língua turca se limitavam aos básicos bom-dia (*günaydın*) e muito grato (*teşekkür ederim*).

Quando retornei ao hotel, o porteiro logo desvendou a charada: naquele dia haveria uma partida decisiva entre dois importantes times de futebol, o Besiktas (Águias Negras) e o Fenerbahce (Canários Amarelos), que foi dirigido por Zico, ex-jogador do Flamengo e da seleção brasileira e maior artilheiro da história do Maracanã. Percebi que os turcos adoram futebol e me lembrei de que chegaram a conquistar o terceiro lugar no Mundial de 2002. O porteiro ainda revelou que torcia pelo Galatasaray, o time de maior torcida no país, que dessa vez estava fora da final do campeonato disputada naquela noite.

Estava pensando nessa surpreendente semelhança com uma das grandes paixões da população brasileira, quando avistei o nosso presidente atravessando o lobby do hotel. Ele vinha na minha direção com a cara fechada e balançando a cabeça.

— Você tem certeza de que está liderando mesmo sua equipe? — provocou-me, sem me dar sequer o cordial bom-dia. Fiquei surpreso. Não sabia aonde ele pretendia chegar, e menos ainda o que responder.

— Acabo de ler uma mensagem no meu iPhone informando que o seu gerente de vendas não fez o que foi combinado e acabou criando um problema grave com um dos nossos principais clientes. O prejuízo é grande, podemos perdê-lo.

Tive a impressão de que o chão se abria. O gerente, que supostamente deveria ser o meu braço direito, meu homem de confiança, não me avisara de nada.

Devido à diferença de fuso horário com o Brasil, tive de esperar algumas horas para ligar para alguns funcionários, que me relataram as medidas adotadas pelo gerente. O meu suposto braço direito levara a equipe a crer que suas ações contavam com o meu apoio. Não tive dúvidas: o sujeito estava querendo me derrubar.

Passei mensagens via Whatsapp para os demais departamentos da empresa envolvidos no atendimento a esse grande cliente solicitando sua versão dos fatos. Orientei-os a não tomar nenhuma ação a esse respei-

PASSAPORTE PARA O FUTURO | 141

to sem antes me consultarem. Liguei para o cliente, desculpando-me pelo mal-entendido e me comprometendo a tomar as devidas providências para corrigir a situação.

Fiz o que era possível e me preparei para a reunião daquela tarde. Quando finalmente cheguei à sala, todos já ocupavam seus lugares: o pessoal da empresa e os sábios. Observei que entre eles havia uma figura a mais. Frederick Taylor havia se "juntado" ao grupo. Como estaria se sentindo o pai da Administração Científica diante da possibilidade de avaliar um cenário tão diferente daquele que inspirou suas teses no início do século passado?

Como de costume, o presidente da empresa já havia iniciado as atividades:

— Sabemos que a nova empresa que precisamos construir é multicentrada e que um dos seus epicentros está localizado justamente na relação com os seus clientes.

Fez uma pausa e olhou na minha direção.

Engoli em seco e devolvi o olhar, tentando tranquilizá-lo. Era como se dissesse: "Já tomei as primeiras providências; hoje mesmo daremos um jeito na situação."

— A empresa deve estar voltada para o cliente — retomou o chefe. — Isso não é nenhuma novidade, cansamos de ouvir essa recomendação. Mas, na prática, apenas alguns dos nossos colaboradores a seguem à risca. Principalmente se são vendedores ou da área de marketing. A grande maioria dos funcionários continua com o foco no produto, na tecnologia, no processo, nos equipamentos, na norma interna e nos sistemas das empresas.

O DRH corroborou a análise feita pelo presidente citando uma pesquisa com 1.065 executivos e dirigentes das maiores empresas brasileiras.[1] Os três principais desafios indicados no que se refere à gestão de clientes são: (1) construir uma cultura em que toda a empresa esteja voltada para o cliente (58%); (2) entender com maior profundidade as necessidades e desejos dos clientes (39%); e (3) gerar mais valor para os clientes sem aumentar os custos (32%).

— O modelo mental predominante tem levado a situações críticas que se repetem — afirmou nosso presidente —, como alta inadimplência, reclamações, perda de fatias de mercado, conflitos com pontos de venda, dificuldades com distribuidores que são tratados como meros canais em vez de parceiros e falta de alinhamento com terceirizados, entre outras.

E concluiu sua análise, dizendo:

— A realidade, meus senhores, é que o poder está migrando, a passos largos, das mãos da empresa para as mãos dos clientes. Isso também não é nenhuma novidade. O que irrita é que, apesar de já sabermos disso, insistimos em ignorar essa realidade.

O comentário mobilizou os pensadores, que manifestaram o desejo de conhecer melhor as mudanças em curso na postura dos clientes.

— A tecnologia digital tem provocado modificações radicais na motivação e na forma pelas quais as pessoas fazem compras e desfrutam de produtos e serviços — apressou-se a dizer o diretor de logística.

— Os consumidores estão muito mais exigentes e conscientes sobre custos, preços, prazos e qualidade — comentou a gerente financeira. — Não se contentam "apenas" com um bom produto e com um preço competitivo, como no passado, mas querem um pacote de conveniências que atenda ao conjunto de suas necessidades. Exigem serviços integrados, como uma distribuição que coloque os bens de consumo ao alcance de suas mãos ou na porta de suas casas, no momento e na qualidade desejados.

Depois, ela apresentou um exemplo: as pessoas não se satisfazem mais com um automóvel de boa qualidade. Escolhem determinada marca em função de um pacote de conveniências que inclui financiamento, seguro, garantia, assistência técnica e o carro propriamente dito, cuja imagem esperam que esteja associada àquela que desejam projetar. Sem falar no compromisso do fabricante com a proteção ao meio ambiente. E, mais recentemente, nem carro querem comprar, pois estão valorizando mais o acesso ao automóvel num modelo de assinatura em vez de ter a propriedade do veículo.

— Essa é a essência da era do intangível e da sociedade de serviços, que já não aceita apenas o produto tangível. Quer também o significado simbólico intangível desse produto como seu objetivo máximo. E quer flexibilidade — completou o DRH. — As empresas precisam se conectar com a imaginação e os sonhos de seus clientes para que possam surpreendê-los e fidelizá-los. A nova frente de batalha do marketing é a experiência do cliente ao longo da sua jornada, na escolha da marca, na compra do produto ou do serviço, no seu uso, na sua manutenção etc. No futuro, o que hoje ainda teimamos chamar de PDV (ponto de venda) será conhecido como PDE (ponto de experiência).

E assim passamos a tarde debatendo a nova postura dos consumidores.

De olho nas mensagens que chegavam continuamente pela internet e me esforçando para cumprir o papel de relator do encontro, dessa vez não consegui me concentrar na discussão como gostaria. Mesmo assim, dei uma contribuição:

— Saímos de uma época em que os custos definiam os preços para outra em que os preços que os consumidores estão dispostos a pagar é que definem os custos. Portanto, em vez de definir sua taxa de lucro usando um percentual em cima de custos de produção, as empresas agora definem o que podem gastar a partir do preço que seus clientes aceitam pagar pelos seus produtos e serviços.

Os pensadores se voltaram para nós e pediram um tempo para conversar entre si sobre as mudanças em curso na postura dos clientes. Percebi que desejavam

PASSAPORTE PARA O FUTURO | 145

ter a oportunidade de digerir melhor todas aquelas informações.

Como já havíamos atingido o horário da pausa para o jantar, combinamos de retomar as atividades meia hora mais tarde do que o programado inicialmente. O intervalo seria providencial. A chance de que eu precisava para fazer os contatos telefônicos que faltavam, concluir o levantamento sobre o lamentável episódio com o gerente de vendas e levar o resultado ao presidente da empresa.

O jantar foi servido ali mesmo: salada mista com diversos legumes, acompanhada de um suculento *kebab* de carneiro com grão-de-bico e berinjela.

Terminada a refeição, os sábios se reuniram num local à parte enquanto eu me concentrei na tarefa de administrar o problema causado pelo meu subordinado. Conversei com o cliente, acertei as novas condições. E, munido das informações mais contundentes que consegui apurar, procurei o presidente e disse que pretendia demitir o gerente, meu subordinado.

Ele contra-argumentou dizendo que o rapaz entregava os resultados combinados e talvez merecesse uma segunda chance. Respondi, então, que podemos dar chances a quem tem problemas de desempenho, mas não podemos ser complacentes com pessoas que manifestam problemas de valores e atitudes. Ali tínhamos um caso claro de falta de caráter.

— Além de tudo, esse rapaz prejudicou o cliente e a confiança que ele tinha em nossa empresa. Não tenho como continuar com ele na minha equipe, seria um péssimo exemplo para todos. Infelizmente somos muito rápidos em admitir pessoas e lentos demais na hora de demiti-las. Temos de fazer exatamente o contrário, gastar mais tempo avaliando se admitimos uma pessoa e resolver as demissões sem procrastinar decisões.

Essa argumentação foi tiro e queda. Ele apenas me disse:

— Confio na sua capacidade de julgamento.

Quando voltamos todos a nos reunir, sentia como se um peso enorme tivesse saído das minhas costas.

Resolvi, então, voltar ao assunto, recordando algumas lições de Philip Kotler, o renomado guru do marketing. Para ele, a primeira tarefa de uma empresa é definir seus clientes-alvo, o que requer uma visão abrangente do processo de compra, percebido como o resultado de várias funções que entram em jogo. "O *iniciador* pode ser um amigo da família que mencionou um carro novo impressionante. O filho adolescente pode ter sido um *influenciador* do tipo de carro a ser considerado. O *tomador de decisão* pode ser a esposa. O *comprador* pode ser o marido."[2]

Ainda segundo Kotler, é preciso conhecer quem influencia o cliente e o que ele valoriza para lhe proporcionar experiências altamente satisfatórias.

— Quem dita as cartas, portanto, é o valor percebido — afirmei. — A complexidade é que uma instituição tem vários clientes, com perspectivas diferentes de valor.

No caso de uma escola, temos os alunos, os professores, os funcionários, os pais e os familiares, a comunidade e os investidores, cada um com sua percepção de valor.

Os sábios pareceram acolher bem esse comentário, mas preferiram não estender essa discussão. Deram a entender que o diagnóstico já estava feito. Faltava agora encontrar o tratamento. E começaram a nos bombardear com novas perguntas:

— Como a empresa pode atender melhor seus clientes? Qual é o caminho para as que não podem competir em custos baixos? Quais os diferentes grupos de neoconsumidores? Como formatar produtos e ofertas para eles? Como fidelizar esses novos tipos de clientes?

Nossas opiniões foram pipocando, uma atrás da outra, e suscitaram um rico debate. Depois formulamos as seguintes proposições:

- Para atender melhor, torna-se fundamental colocar o cliente no centro de tudo, no centro do processo decisório da empresa e do modelo mental de todos.
- A empresa precisa entrar no imaginário dos clientes, entendê-los para poder realizar seus sonhos.
- Quem não pode competir em custos baixos precisa, urgentemente, adotar o caminho da diferenciação de produtos, serviços e da relação com seus clientes. É preferível centrar o foco das atenções mais nos clientes do que desperdiçar energia bisbilhotando a vida dos competidores.

148 | CÉSAR SOUZA

- Clientes não são estáticos, mas alvos móveis. Mudam muito de expectativas, necessidades, desejos e sonhos.

- Os clientes tenderão a interferir muito mais na criação, no desenho e na comercialização de produtos, sendo bem mais ativos que no passado. Adicionalmente, as redes sociais constituem verdadeiros Serviços de Apoio ao Consumidor (SACs) não controlados pela empresa.

- Precisamos compreender melhor os diferentes grupos de neoconsumidores: os emergentes das classes C, D e E, os jovens de diferentes "tribos", os sessentões, o crescente poder aquisitivo das mulheres e os mercados regionais fora dos grandes centros urbanos.

- É preciso mudar a forma de pensar e criar de fato uma "cultura de clientividade®", entendida como a arte de oferecer o que os clientes de fato necessitam e valorizam, e, assim, encantá-los com produtos e serviços diferenciados e customizados para cada necessidade.[3]

A essa altura, o DRH fez uma ressalva:

— Não se trata de satisfazer ou de apenas superar as expectativas dos consumidores. Atender e superar suas expectativas reflete ainda uma postura cartesiana na relação com o cliente. Trata-se, e o que vou dizer também não é mais novidade, de surpreendê-lo!

A gerente financeira citou, então, Steve Jobs, o criativo fundador da Apple, que revolucionou nosso cotidiano ao inventar produtos como o iPod, o iPhone e o iPad:

— Ele dizia que é "necessário educar o mercado em relação aos benefícios resultantes do produto ou serviço". Isso significa entrar no imaginário do cliente para conhecer não o que ele deseja, mas aquilo de que necessita e talvez ainda nem saiba. Um dos mantras de Jobs ao criar novos produtos era não fazer pesquisa de mercado — acrescentou a jovem gerente. — Ele costumava dizer: "Como é que eu posso perguntar às pessoas como um computador baseado em uma interface gráfica deveria ser quando elas não têm a menor ideia do que seja um computador baseado em uma interface gráfica?"[4]

Acrescentei que, se a empresa fizer apenas o que o cliente pede ou quer, surge o risco de aparecer um concorrente que o surpreenda e o conquiste antes:

— As empresas precisam customizar cada transação com seus clientes e abordá-los com o mesmo entusiasmo da primeira vez, para que não seja a última. Só assim conseguirão cativá-los e fidelizá-los.

Esse raciocínio nos conduziu à resposta para a pergunta sobre o segredo do sucesso na relação com os clientes: o sucesso reside mais em certas posturas e atitudes e menos em técnicas mirabolantes de marketing.

— As empresas bem-sucedidas se diferenciam pelo modelo mental que coloca o cliente no centro da sua

150 | CÉSAR SOUZA

estratégia e não "do lado de fora da empresa", como a maioria ainda faz — salientou a gerente financeira.

Animados com o produto de nossas reflexões, os gurus nos encorajaram a nos deter um pouco mais sobre essas ideias. Resolvemos, então, aprofundar a conversa sobre o inovador conceito de clientividade® — e identificar alguns dos seus pressupostos básicos:

1. **Os clientes não compram apenas produtos, compram a realização de sonhos e soluções para suas necessidades.** O grau de sucesso das empresas será diretamente proporcional à sua capacidade de surpreender e encantar seus clientes, realizando seus sonhos e desejos mais íntimos — trazendo soluções e benefícios, e não apenas vendendo produtos.

2. **Cada cliente é também um potencial vendedor e não apenas um comprador.** Erram as empresas que consideram o cliente um mero comprador de produtos e serviços. O cliente feliz é o melhor vendedor de uma empresa. Essa postura economiza em publicidade, pois é gratuita. Aliás, um dos objetivos de praticar a clientividade® é transformar cada cliente em um vendedor ativo. Mas nunca é demais lembrar: o cliente só vende aquilo que o surpreende. Por exemplo, o hóspede de um hotel não sai por aí alardeando que o estabelecimento tem camas, televisão no quarto ou pessoal cortês.

PASSAPORTE PARA O FUTURO | 151

Isso é obrigação! Eles se tornam vendedores quando falam dos momentos mágicos que viveram lá.

3. **A clientividade® é missão de TODOS, do porteiro ao presidente!** Todos os colaboradores de uma empresa são vendedores. Nada mais errado que considerar a atividade de venda uma tarefa exclusiva do pessoal da área comercial. Vendas são desfeitas e clientes perdidos muitas vezes pelo atendimento inadequado de funcionários que não lidam diretamente com os clientes, tais como as pessoas do serviço administrativo, trabalhadores da produção etc. Em linguagem clara, #somostodosvendedores.

A reflexão nos fez entender que o conceito de clientividade® também é legítimo no nível pessoal. As carreiras também estão em processo de reinvenção, por isso vale a pena focar os esforços em criar oportunidades em vez de se limitar a acompanhar as que já existem no mercado de trabalho. Soava como um alerta: é mais relevante praticar a clientividade® do que se preocupar com a empregabilidade, isto é, as pessoas precisam se habituar a procurar mais por clientes e menos por empregos.

O DRH reforçou a necessidade de cada um cuidar da própria carreira lembrando que é necessário desenvolver a postura de clientividade® interna.

Fiz questão de destacar que a postura de clientividade® interna se estende, inclusive, aos profissionais

152 | CÉSAR SOUZA

que trabalham nas tradicionais áreas funcionais (como suprimentos, contabilidade, setor de pessoal, serviços gerais, entre outros):

— Esses profissionais possuem clientes internos e devem se posicionar como prestadores de serviços. Assim, não basta apenas satisfazer, mas também surpreender seus clientes: os executivos da linha de frente que respondem por centros de resultado em suas respectivas empresas. — E, olhando diretamente para o meu chefe, disse alto e bom som: — Trate seu chefe como um cliente que tem necessidades a serem atendidas.

Com a percepção aguçada pelas sucessivas perguntas trazidas pelos sábios, conseguimos alinhavar as ideias, baseadas na clientividade®, do que as empresas precisam praticar, por exigência do momento:

1. Colocar o cliente no centro do organograma.
2. Transformar clientes em "apóstolos". A empresa precisa conquistar fãs em vez de clientes, conhecer a sua alma, entrar no seu imaginário, saber quais são seus sonhos e antecipar seus desejos.
3. Vender o tangível e o intangível: confiança, credibilidade, transparência, personalização e flexibilidade, entre outros atributos.
4. Antecipar as necessidades do cliente e educá-lo para aquilo de que necessita, não fazendo apenas o que o cliente deseja.

5. Entender, atender e oferecer, customizando a relação, ao contrário da sequência tradicional em que primeiro se oferece para depois atender e só então entender.

6. Construir pontos de experiência (PDEs) e não apenas pontos de venda (PDVs).

7. Transformar canais de distribuição em parceiros integrados, em vez de apenas tratá-los como meros canais.

8. Encantar as equipes para encantar clientes, pois sabemos que não existem clientes encantados em empresas com pessoas infelizes.

9. Oferecer soluções integradas a seus clientes, em vez de apenas produtos.

10. Usar a tecnologia como recurso para facilitar a vida dos clientes e não para impor normas unidirecionais.

11. Motivar a TODOS na empresa, do porteiro ao presidente, para se sentirem responsáveis pelo relacionamento com os clientes.

12. Cuidar do presencial e do digital, construindo um posicionamento "figital", ou seja, físico e digital ao mesmo tempo.

Algumas empresas podem até praticar algumas dessas ideias de forma isolada, mas raras são as que as praticam de forma articulada e integrada como uma proposta de valor para seus clientes.

Resolvi, então, arriscar uma frase de efeito, que mereceu o aplauso de todos:

— A empresa que precisamos construir deve se estruturar com base no **clientograma** e não no tradicional organograma!

Mal acreditei em tudo o que havíamos produzido ao longo daquelas horas da tarde e da noite. Consultei minhas anotações e, antes do encerramento da reunião, achei por bem fazer um resumo das principais ideias apresentadas:

— As empresas que vão além do encantamento são as que percebem que a verdadeira revolução invisível provocada pela mudança na postura dos clientes as coloca de frente não a um problema, mas a uma grande oportunidade de reinventar essa relação — arrisquei. — Essa reinvenção pode começar com uma coisa simples de dizer, porém difícil de fazer: vestir a camisa dos clientes. Essa é a melhor forma de vestir a camisa da empresa! E é o primeiro passo para transformá-los em fãs e "apóstolos" de sua marca, produtos e serviços.

Os olhos do presidente brilharam quando eu afirmei que vestir a camisa dos clientes é a melhor maneira de vestir a camisa da empresa. Minha colega gerente financeira sorriu e o DRH me deu um tapinha nas costas.

"Nada mau para um dia que começou tão desastroso", ajuizei, sem dizer uma palavra.

Antes de voltar ao quarto, perguntei à recepcionista do hotel se a partida de futebol já havia terminado.

Ela me disse que estava no intervalo, o jogo empatado em 0 × 0, e que o segundo tempo começaria dentro de alguns minutos. Depois me orientou quanto ao canal que eu deveria sintonizar. Faltava apenas me decidir pelo Besiktas ou pelo Fenerbahce. Por qual dos times eu iria torcer?

9. Pessoas tratadas como pessoas, não como cargos

Eram 4 horas da manhã na Turquia quando fui acordado pelo celular. Atendi e percebi a voz bastante tensa da mulher com quem eu me casara, tivera um filho e da qual me divorciara havia bastante tempo. Meia-noite no Brasil. Boa coisa não devia ser.

— Nosso filho sumiu — disse num fôlego só. E desatou a chorar: — Ele foi a um aniversário. Ficou de voltar de carona com a mãe de um amigo, mas não voltou até agora.

Ela deu um suspiro e falou:

— Eu cheguei há mais de uma hora e nem sinal dele. Ligo no celular, só dá caixa postal.

E antes que eu tivesse qualquer reação, ela continuou:

— E agora, o que eu faço? Ligo para a polícia? Para os hospitais? Onde pode estar um garoto de 13 anos a essa hora?

— Não deve ter acontecido nada grave — tentei tranquilizá-la.

— Tem mais uma coisa que você precisa saber — disse, como se fosse anunciar uma tragédia. — Eu acho que pode ter sido um sequestro — e se pôs a chorar copiosamente. — Alguma coisa grave aconteceu, porque nosso filho sempre avisa aonde vai — acrescentou, para em seguida implorar auxílio: — Por favor, faça alguma coisa. Eu quero meu filho de volta. Desde que você saiu de casa os problemas se multiplicaram — acrescentou, em um tom que conheço muito bem.

Percebi que não fazia mais sentido ficar ali, preocupado com as questões da empresa, enquanto tamanha crise envolvia meu filho. Decidi que era hora de voltar. Se fosse preciso negociar com sequestradores, eu estaria lá para isso.

Arrumei minha mala e meus documentos, esperei um pouco, e às 6 horas liguei para o quarto do presidente e o coloquei a par da situação. Avisei que pretendia voltar para o Brasil no primeiro voo.

Ele deu alguns telefonemas e, na sequência, a empresa já colocou um advogado de plantão e o chefe da segurança da empresa para acompanhar o caso.

O próximo voo direto para o Brasil só sairia de Istambul naquela tarde. Olhava os ponteiros do relógio. As horas não passavam. Não havia clima para participar da atividade daquela manhã. Sugeri que eles prosseguissem as conversas com os gurus sem mim.

Depois de quase seis horas de tensão, as mais longas de minha vida, um telefonema pôs fim ao sofrimento.

PASSAPORTE PARA O FUTURO | 159

Eram 10 horas e eu já me preparava para ir ao aeroporto. Meu filho estava bem!

Ele pegara carona com o pai de um colega novo da classe, mas em vez de ir direto para casa decidira aceitar o convite para assistir ao mais novo episódio de uma série popular entre os adolescentes, que o colega acabara de baixar no computador. Mas se distraiu, não percebeu o tempo passar e acabou adormecendo na poltrona do quarto do colega. Só foi acordar no dia seguinte, quase às 6 horas da manhã no Brasil. Então percebeu que seu celular estava sem bateria. Pediu emprestado o telefone do colega e ligou para a mãe. No entanto, alívio mesmo eu só fui sentir depois de conversar com o menino pela webcam. Chamei sua atenção por nos deixar tanto tempo sem notícias. Mas no fundo eu queria mesmo era poder abraçá-lo. Ainda bem que tudo não passou de um susto. Um grande susto!

Terminadas aquelas horas de agonia, eu me sentia esgotado. Troquei de roupa e fui ao "encontro" dos meus colegas de empresa com os notáveis.

Cumprimentei a todos rapidamente. Além de Taylor e Ansoff, também "estavam presentes" Henri Fayol, Abraham Maslow e Mary Parker Follett. Drucker não "comparecera" naquele dia.

Ouvi um breve relato sobre o progresso daquela manhã enquanto eu estivera ausente. Dessa vez, quem tinha aberto os trabalhos foi o DRH. Ele apresentou

160 | CÉSAR SOUZA

outros dados da pesquisa com dirigentes do primeiro escalão de 1.065 empresas. À pergunta "Qual é o principal desafio para a execução das estratégias empresariais?", 48% deles responderam "comprometer todos os colaboradores com as decisões estratégicas", 35% disseram "ter pessoas com espírito realizador", e 34% afirmaram "engajar pessoas com espírito de 'donos do negócio' e não meros empregados".[1]

— A gestão de pessoas não é apenas um dos três maiores desafios apontados pelos empresários. Pessoas são os três desafios! — enfatizou o DRH.

— Se hoje essa variável já é crítica, a tendência é que venha a se agravar no futuro próximo — registrou a jovem gerente. — Com a facilidade de acesso a capital, tecnologia, informação, recursos naturais e a outras fontes de competitividade, o que tem diferenciado as empresas vencedoras de seus competidores tem sido, cada vez mais, a qualidade de seus talentos humanos. A gestão de pessoas passou a ser a grande vantagem competitiva.

Bebeu um gole de água e prosseguiu o relato:

— Assim como os times de futebol têm dificuldade em manter seus melhores jogadores, as empresas também terão dificuldade crescente em atrair e reter os talentos da próxima geração, pois esses possuem valores e atitudes muito diferentes sobre o trabalho e a vida em geral.

E, antes de passar a palavra aos gurus, fez um comentário melancólico:

— Temos fracassado em obter o melhor das pessoas. Em nossa empresa, devemos usar apenas cerca de 40% do nosso potencial humano.

Os pensadores pediram, então, que relacionássemos as novas circunstâncias do mundo que estão causando transformações profundas na natureza do trabalho.

— A pandemia da covid-19, cuja regra do distanciamento social durante quase dois anos acelerou o home office. Agora muita gente já não quer mais aceitar o trabalho em escritórios ou em fábricas — apressou-se a pontuar o DRH.

— O movimento intenso de consolidação, fusão e aquisição de empresas em diversos setores — complementei. — Isso é fonte constante de tensões e conflitos quando culturas diferentes são unidas sem o devido preparo.

— A dispersão geográfica das atividades das empresas por meio de internacionalização, regionalização e diversificação das tarefas e a consequente necessidade de coordenar o trabalho de pessoas de culturas, valores e hábitos distintos — lembrou o diretor de logística.

— O aumento das práticas de trabalho a distância (acesso remoto de hotéis, residências e em trânsito), que tem forçado a extensão das "paredes" da empresa — disse o DRH.

— O surgimento da figura do "funcionário virtual", que utiliza ferramentas (blogs, fóruns, sites, comunidades) para gerar mídia, ganhar poder, compartilhar questões e experiências, expressar opiniões e interagir com outros colaboradores antes inacessíveis — adicionou a gerente financeira.

— Fora isso, o comércio eletrônico modificou os conceitos de tempo e de lugar, e os ciclos de vida dos produtos e das empresas estão cada vez mais comprimidos e reduzidos — completei.

— Esse novo contexto tem exercido um tremendo impacto sobre a gestão de pessoas, as práticas de motivação nas empresas e a maneira como os profissionais conduzirão suas carreiras daqui para a frente — arrematou o presidente.

Nesse instante, observei Henri Fayol atentamente. Ele havia sido um dos primeiros pensadores a definir as atividades do gestor e a sublinhar a necessidade de cultivar as qualidades da liderança.

Perguntei se, pelas nossas observações, ele percebia o mundo mais volátil, não só como fruto de macrofatores, em especial a globalização e a revolução tecnológica, mas também devido ao próprio sistema de valores, que vive uma profunda transformação.

O DRH nem deu tempo a ele de responder:

— Parecem desmoronar conhecidas verdades sobre motivação no trabalho, lealdade, comprometimento e... sobre liderança!

Afirmou, em seguida, que a geração que desponta tem um conceito de autoridade bem diferente da geração anterior. O velho vínculo de trabalho consistia na troca da obediência e da lealdade pela segurança da garantia do emprego e da estabilidade. No entanto, a segunda crise do petróleo, que levou à demissão de um terço dos empregados das montadoras norte-americanas, rasgou o "contrato" que prevalecia desde a criação do emprego formal, em 1898. A partir do final da década de 1970, por meio dos programas de reengenharia, a indústria automobilística começou fazendo *downsizing* no tamanho dos carros para depois fazer o mesmo nas estruturas. Desde então, o contrato de estabilidade do trabalho começou a se deteriorar e não será mais um instrumento útil para os talentos do futuro.

— O próprio conceito de lealdade mudou muito — acentuou a gerente financeira. — A lealdade será mais a si próprio e à sua carreira. Não mais ao chefe nem à empresa.

— Essa nova geração é menos identificada com qualquer empresa específica — comentei. — Seus integrantes pensam mais como profissionais independentes que possuem empregabilidade e podem se mover no mercado com velocidade proporcional ao seu talento.

Segundo o DRH, essa mobilidade é fruto da democratização dos meios de produção viabilizada pela revolução tecnológica. Um número crescente de pessoas passou a ter acesso aos instrumentos de trabalho sem ter de depender de uma grande empresa.

— O atual dono dos meios de produção não é mais o proprietário da terra, das máquinas ou do capital, mas quem detém o conhecimento e demonstra capacidade

164 | CÉSAR SOUZA

de aprendizagem rápida — salientou nosso DRH. — O binômio conhecimento/autoaprendizagem é cada vez mais portátil e migra com quem tem a capacidade de criá-lo.

Nesse momento, tive um estalo. Pedi licença para propor um exercício aos participantes da reunião. Solicitei aos sábios que indicassem um princípio que orientou a gestão de pessoas na era do management. Caberia a nós, da empresa, apontar práticas atuais que o substituíssem. Assim, cada princípio antigo seria contraposto a um novo preceito.

Depois de uma rica e empolgante discussão, nossa lista chegou a nove itens. Estes são os princípios da era do management que estão sendo substituídos pelas novas práticas que caracterizam a gestão de pessoas na neoempresa:[2]

1. DA gestão de cargos, procedimentos e sistemas PARA a gestão de criação de valor.
2. DA formação de gerentes eficientes PARA a "fábrica de líderes" inspiradores.
3. DO quadro de funcionários PARA a rede de talentos.
4. DA gestão do conhecimento PARA a gestão da aprendizagem.
5. DO método de treinamento do "prato feito" PARA a metodologia do autodesenvolvimento.
6. DE "construtores de paredes" PARA "construtores de pontes".

7. DO engajamento e comprometimento PARA o apaixonamento.
8. DO conflito de gerações PARA a complementaridade dos saberes.
9. DO RH como suporte à execução da estratégia PARA o RH como coautor da estratégia empresarial.

Organizei um resumo do que foi discutido sobre cada item.

1.
DA gestão de cargos, procedimentos e sistemas PARA a gestão de criação de valor

Após a Segunda Guerra Mundial, as autoridades militares norte-americanas solicitaram aos grandes empresários da época que contratassem os detentores de algumas patentes militares, pois o governo não tinha condições de mantê-los na sua folha de pagamento. O pedido foi atendido. Das cem maiores empresas americanas do pós-guerra, cerca de trinta dirigentes da área de RH tinham passado militar.

Daí se originou a administração de cargos (não de pessoas) por meio de procedimentos e sistemas inspirados no modelo militar. O funcionário era "enquadrado" conforme sua "patente" e recebia um cargo e o pacote de benefícios inerentes a ele, sem levar em conta suas peculiaridades e individualidades.

166 | CÉSAR SOUZA

A gestão de pessoas por meio de processos e procedimentos exime o gestor de customizar salários, treinamento e avaliação de desempenho. O sistema se encarrega de fazer isso pelo chefe, já prevendo as competências e atribuições de cada cargo e o salário compatível com aquelas funções.

Esse modelo não se ajusta ao contexto de "montanha-russa" em que as empresas vivem hoje, no qual as pessoas terão de fazer "mais e melhor", diferentemente do atual "mais com menos". Na neoempresa, quem gerencia não é o sistema, mas o gestor. Vale ressaltar: ele gerencia pessoas, não administra cargos. Acompanha cada membro de sua equipe de maneira customizada, um a um. O novo líder aloca mais tempo para pessoas, clientes e parceiros, em vez de gastá-lo em dezenas de reuniões internas e burocracias. A partir desse novo paradigma, a gestão de pessoas passa a ser missão de todos os líderes e gestores, e não mais do RH.

2.
DA formação de gerentes eficientes
PARA a "fábrica de líderes" inspiradores

A pesquisa apresentada pelo nosso DRH evidenciou um descompasso: 71% dos 1.065 dirigentes garantiram taxativamente que suas empresas não dispõem de líderes na quantidade nem na qualidade necessárias para implementar suas estratégias de crescimento para os próximos anos. Ironicamente, isso acontece numa época em que são necessários líderes em quantidade e em qualidade muito maiores do que no passado. Em vez de poucos líderes no topo da pirâmide, as empresas competitivas passaram a necessitar de líderes em todos os níveis. Diga-se, de líderes eficazes — e não de gerentes eficientes — para empresariar produtos, áreas geográficas e projetos. Em outras palavras, as empresas precisam de mais empresariamento e menos gerenciamento.[3]

Os gurus fizeram alguns comentários que nos levaram a entender que o neolíder deve ter características muito diferentes das apresentadas pelo líder da era do comando. Como ele ou ela poderia administrar situações mesmo quando não possui a autoridade formal sobre pessoas que não fazem parte do organograma das empresas?

Além disso, a tecnologia eletrônica está democratizando velozmente o acesso à informação e, consequentemente, o exercício da liderança. As relações se tornam instantâneas e menos hierárquicas. Presenciamos uma verdadeira "erosão eletrônica da liderança". Os gurus deram a impressão de ter ficado surpresos com essa expressão.

Concluímos que as empresas vencedoras serão as que souberem montar fábricas de líderes eficazes para criar o **capital liderança** e garantir a existência de sucessores (não apenas substitutos) em todos os níveis.[4]

168 | CÉSAR SOUZA

3.
DO quadro de funcionários
PARA a rede de talentos

O conceito de capital intelectual das empresas também mudou. Resgatamos a ideia de que esse capital, desde longa data, é o "ativo que não aparece nos balanços", e enfatizamos a noção mais moderna de que o capital intelectual não se limita apenas aos recursos humanos internos, como no tempo dos gurus. Agora, o capital intelectual também está do "lado de fora", nas relações com clientes, distribuidores, parceiros, fornecedores, investidores e a comunidade.

Por essas razões, os responsáveis pelo patrimônio humano precisam ampliar o escopo de sua atuação para além das "paredes" das empresas. Os resultados estão mais nessas conectividades externas que nas complexidades internas. Provavelmente Drucker gostaria dessa formulação.

4.
DA gestão do conhecimento
PARA a gestão da aprendizagem

O modelo eficaz na era industrial privilegiou o ensino na sala de aula, o foco na função, os funcionários como alvo dos programas e a aquisição de habilidades nem sempre vinculadas ao negócio, à estratégia e aos resultados desejados.

Necessitamos evoluir para um modelo em que a aprendizagem possa acontecer em qualquer hora e lugar, que atenda às necessidades específicas do negócio e tenha como público-alvo também os fornecedores, clientes, investidores e demais integrantes da cadeia produtiva de valor para a empresa.

Falamos um pouco sobre a proliferação das universidades corporativas, que consistiu numa clara e eficaz resposta concebida com sucesso pelos experts em gestão do conhecimento para enfrentar tal demanda. Mas é preciso dar um passo além. O desafio da neoempresa é a gestão da aprendizagem contínua e não apenas do conhecimento, que se torna obsoleto a uma velocidade impensável na época dos gurus.

Chegamos ao consenso de que competência não é sinônimo de conhecimento. Competente é quem, ao aprender de forma contínua, agrega valor às habilidades, às atitudes e aos conhecimentos que já possui e disponibiliza resultados para a empresa.

5.
DO treinamento do "prato feito"
PARA a metodologia do autodesenvolvimento

A discussão nos fez compreender melhor a ineficácia dos programas de educação corporativa que disponibilizam o mesmo "prato feito" para todos, quando deveriam oferecer um leque de possibilidades para que a pessoa tenha a chance de fazer as próprias escolhas e montar seu "prato de aprendizagens", como num self-service.

Se pretendem, de fato, atacar as dificuldades enfrentadas hoje pelas empresas para reter seus melhores talentos e aumentar a satisfação deles com o trabalho, os programas precisam ultrapassar o treinamento por catálogo.

Para atingir esses propósitos, não basta simplesmente aperfeiçoar o modelo existente com novos ingredientes superficiais ou adicionar palestras sobre temas da moda. Trata-se de repensar a própria natureza da educação corporativa a fim de que seus programas reflitam um processo de aprendizagem e autodesenvolvimento contínuo que se projete para além da sala de aula, integrando técnicas e pensamento, intuição e intelecto, ciência e bom senso. A solução precisa ser construída a quatro mãos com os líderes da linha de frente imbuídos do papel de treinadores e mentores dos demais líderes das suas equipes.

6.
DE "construtores de paredes" PARA "construtores de pontes"

O DRH propôs a inclusão, no balanço das empresas, de uma rubrica que monetizasse o custo invisível da falta de integração. Grande parte dos custos de uma empresa advém do baixo nível de integração entre pessoas e entre áreas.

No passado, os líderes competentes eram verdadeiros "construtores de paredes", que conseguiam delimitar bem o seu escopo de atuação e o seu território como forma de evitar conflitos e interferências. Na neoempresa, contudo, será necessária a postura inversa, a de "construtores de pontes": líderes sinérgicos, agregadores, que consigam integrar os membros de sua equipe e as diversas equipes da sua empresa, além de construir pontes com clientes, parceiros, distribuidores, fornecedores, comunidades, entre outros.

7.
DO engajamento e comprometimento
PARA o apaixonamento

A configuração do trabalho mudou, o que implica alterações nos papéis, nos valores e na motivação humana. A essa altura, tivemos a impressão de ouvir uma das máximas de Abraham Maslow, psicólogo norte-americano que estudou profundamente a natureza das necessidades humanas: "Para quem só sabe usar o martelo, todo problema é um prego."

Ainda desfrutávamos dessa tirada bem-humorada, quando o diretor de logística soltou um comentário ácido, com o qual tivemos de concordar:

— Infelizmente parece ser mais fácil desmotivar as pessoas que motivá-las. As empresas estão repletas de experts em desmotivação.

Concluímos que as neoempresas procuram motivar as pessoas investindo em programas que proporcionem apaixonamento por causas, em vez de apenas seguirem as práticas difundidas que conduzem ao comprometimento, fruto de um clima motivacional, ou ao engajamento obtido por intermédio de mecanismos que, no máximo, são "não desmotivadores".

8.
DO conflito de gerações
PARA a complementaridade dos saberes

Grande pesquisadora da natureza dos conflitos dentro das organizações, Mary Parker Follett nos fez pensar que as soluções nascem da convergência. Usando esse raciocínio, em vez de semearem a guerra entre as gerações, as neoempresas devem procurar compreender os terrenos onde cada uma transita para estimular a soma de suas qualidades, a complementaridade.

— As novas gerações possuem valores e atitudes muito diferentes sobre o trabalho, o mundo corporativo e a vida em geral — destacou a gerente financeira.

— É importante entender o que querem esses jovens da minha geração para superar as dificuldades crescentes de atrair e manter os talentos com potencial de liderança.

Verificamos que os jovens buscam maior individualidade, maior customização nas relações, um significado para suas vidas e a comprovação de que o jeito de ser, a alma da empresa, é compatível com sua personalidade.

Deve-se ter cuidado com a necessidade de coerência nas tentativas de motivar alguns desses jovens. Relatei que, na nossa empresa, um *trainee* se queixou comigo porque um gerente havia dito que ele deveria se comportar como o "dono do negócio", e não como empregado. Ele perguntou: "Vou ter a remuneração como se fosse o dono? Vou ganhar parte da riqueza que serei capaz de gerar?"

Salientamos também que a diversidade não deve se restringir apenas ao tema das gerações. É muito importante percebermos como uma diversidade mais ampla — a participação de mais mulheres e pessoas com pensamentos diferentes em cargos decisórios e a inclusão de minorias, só para citar alguns exemplos — agrega valor aos negócios.

9.
DO RH como suporte à execução da estratégia PARA o RH como coautor da estratégia empresarial

A área de RH vive a sua hora da verdade. Todos nós, praticantes e teóricos, chegamos à conclusão de que o modelo de RH como um departamento funcional, concebido durante a era industrial, não é mais adequado para a era do conhecimento e da aprendizagem. O antigo setor de pessoal, que evoluiu para o departamento de Recursos Humanos na década de 1970 e, mais recentemente, passou a se intitular gestão de talentos, precisa se reinventar.

A grande ironia, lembrada pelo nosso DRH, é que, no exato momento em que a gestão de talentos ganha proeminência nas empresas, a área de RH é posta em cheque pelo fato de que a sua contribuição para os resultados dos negócios nem sempre é nítida. Continua sendo percebida como a menos preparada, se comparada às áreas de finanças, vendas, marketing e logística, por demonstrar desconhecimento do verdadeiro negócio da empresa, pelo descompasso entre a estratégia geral e os planos de RH, por maior preocupação com atividades e menor com resultados e, entre outras queixas, pela aderência demasiada a modismos.

— Mais do que nunca, o RH necessita de um novo paradigma que torne sua atuação mais relevante para as empresas. Caso contrário, corre o risco de ser terceirizado, absorvido na linha de gestão, ou simplesmente eliminado — profetizou o nosso DRH.

As análises que fizemos nos mostraram que o atual "RH — gestor de talentos humanos", como alguns se autodenominam, deve se transformar no "RH — empreendedor do patrimônio humano". A mudança requer um novo papel, muito mais estratégico e gerador de resultados para o negócio das empresas; requer, além de um novo perfil, novas competências e um novo modelo mental dos profissionais da área.

Não se trata simplesmente de alinhar os planos de RH com a estratégia empresarial. Trata-se de transformar a estratégia de RH em parte integrante e em componente diferenciador da estratégia corporativa.

A área de RH precisa evoluir para uma posição de coautoria das estratégias, em vez de se limitar à atual postura de facilitadora de processos. O RH deve se posicionar como "core" e não mais como "suporte" à estratégia.[5] Nessa condição, são múltiplos os papéis que devem ser desempenhados pelo RH como arquiteto das novas competências essenciais requeridas para a empresa competir melhor, e até contribuindo para a formação de alianças externas, ao agregar valor à relação com distribuidores, canais, parceiros, fornecedores e clientes estratégicos.[6]

Foi então que os gurus, mudando um pouco o foco da conversa, resolveram nos dirigir outra bateria de perguntas:

— Como as novas tecnologias e ferramentas da internet estão alterando a forma como o trabalho e a interação profissional acontecem?

— Como esse processo de aprendizagem contínua agrega valor à produção?

— Como os modelos de trabalho e os formatos de interação colaborador-empresa estão sendo redefinidos?

— Como manter a empresa atrativa para que os colaboradores queiram continuar trabalhando e produzindo nesse cenário?

176 | CÉSAR SOUZA

— Como aumentar o grau de autogestão do colaborador, maximizando a tecnologia disponível?

Trocamos ideias também sobre o perfil de um novo tipo de funcionário, aquele que utiliza ferramentas e ambientes virtuais (blogs, fóruns, wikis, redes sociais e comunidades virtuais) para ampliar seu poder de atuação e influência na empresa. Ele gera mídia e conteúdo, compartilha opiniões e experiências, divulga informações positivas e negativas sobre a empresa, seu trabalho e seus colegas, cria comunidades afins. Aberto a experimentações e nem sempre fiel à empresa ou à marca, usa as redes de relacionamento em busca de novas oportunidades de emprego e de evolução na carreira. Prefere trabalhar em projetos estimulantes a integrar processos repetitivos e de baixo valor agregado. Não liga para a comunicação oficial, os tradicionais canais de comunicação da empresa.

Chegamos à conclusão de que, para lidar com esse novo tipo de funcionário, é preciso colocar em prática, urgentemente, os nove princípios da nova gestão de pessoas que acabáramos de listar. E fomos parando por aí, cientes de que não tínhamos respondido a todos os questionamentos dos gurus, mas com a certeza de termos caminhado nessa direção.

O presidente, que assistira à maior parte dos debates em silêncio, visivelmente satisfeito com os rumos que a reunião tomara, incumbiu-se da tarefa de fazer uma síntese de tudo o que foi tratado para encerrar os trabalhos daquele dia:

— Meus caros, ser a empresa da escolha de clientes, talentos, parceiros, fornecedores, investidores e também da comunidade é o grande alvo a ser atingido. Todos esses componentes da equação empresarial são importantes, mas chamo a atenção para dois deles, cujo sucesso dá origem aos demais: conquistar e fidelizar os clientes e atrair e manter os talentos criadores da riqueza que esses clientes valorizam. Não é por mera coincidência que as empresas campeãs sempre ganham os dois títulos mais importantes da olimpíada empresarial: (1) melhores empresas para trabalhar e para crescer; e (2) as mais procuradas e admiradas pelos clientes. Elas também são as mais invejadas por seus concorrentes...

10. O poder do propósito: sem significado, resultados perdem valor

— *Reza-se por milagres, mas trabalha-se por resultados, teria dito um dos mais importantes pensadores religiosos, Santo Agostinho. Então eu pergunto a vocês: o que é resultado?*[1]

Desse modo, o nosso presidente tentou fazer uma espécie de aquecimento para a nossa conversa, enquanto esperávamos os gurus para iniciarmos o "sarau", que prometia bastante naquela manhã de temperatura amena da primavera turca.

A jovem gerente financeira foi a primeira a falar. Disparou a enumerar vários indicadores econômico-financeiros. Para ela, esta seria a melhor forma de traduzir o desempenho de uma empresa: faturamento, rentabilidade, geração de caixa, valor de mercado e as diversas siglas com as quais os especialistas financeiros estão familiarizados, como EBTIDA (*Earnings before interest, taxes, depreciation and amortization*, ou, como é chamado em português, LAJIDA, Lucros antes de juros, impostos, depreciação e amortização).

180 | CÉSAR SOUZA

De cara afirmei que tais resultados só são viabilizados se existirem clientes e consumidores.

— Na realidade, fatia de mercado, satisfação e fidelização de clientes e qualidade de atendimento, entre outras coisas do gênero, são os resultados que realmente interessam porque são os verdadeiros causadores dos outros tipos de resultado.

O DRH logo interveio:

— Concordo com tudo isso, mas, na minha visão, sem pessoas felizes, motivadas e engajadas com a empresa não se consegue conquistar nem fidelizar clientes e, consequentemente, não dá para vender, faturar, ter receitas nem lucro.

Esboçando um sorriso vitorioso e, de certa forma, irônico, ele nos lembrou:

— Não existe cliente encantado por empresas com pessoas infelizes e desmotivadas.

O diretor de logística não se conteve:

— Essa filosofia é muito bonita, mas romântica. Uma empresa não é um clube. Vamos deixar de enrolação porque a gente sabe que, no fundo, essa conversa de gente feliz, cliente encantado e empresa cidadã é muito boa para quem gosta de jogar para a plateia. Sabemos de cor e salteado que o que conta mesmo é o lucro final apurado após os custos, o que os americanos sabiamente chamam de *bottom line*, a última linha de qualquer balanço, ou seja, o saldo no final das contas.

A discussão que se seguiu foi intensa. Começou a ganhar força o argumento de que o lucro é importante, mas não deve ser a única medida de resultados. Para desgosto do diretor de logística, prevaleceu a ideia de que o lucro tem de ser visto como premissa, não como o único "resultado desejado".

O presidente sugeriu que tentássemos fazer uma categorização entre "resultados-fim" e "resultados-meio" com o intuito de estabelecer certa relação de causa e efeito, o que poderia iluminar a conversa. Era possível notar sua preocupação com a rigidez de nossas posições.

Foi, então, bruscamente interrompido pelo diretor de logística:

— Tudo isso é poesia. Sabemos que o que interessa é o lucro. E todo o mundo sabe que o lucro justifica os meios!

Um profundo silêncio tomou conta da sala. Trocamos olhares receosos, acho que até preferindo não ter escutado aquilo.

Nosso líder retomou a palavra e calmamente externou sua preocupação com tamanho desalinhamento — não só aquele já expresso pelo diretor de logística, mas a nítida falta de convergência de todo o grupo dirigente da empresa.

— Cada um de vocês só está pensando na sua área, apenas olhando para o próprio umbigo. Vocês listaram indicadores de desempenho relacionados unicamente a seus respectivos mundinhos. Onde está o propósito, com o qual cada um deveria se comprometer, não só individualmente, mas também como membro do grupo? Afinal, qual é o nosso propósito? Já pensaram nisso alguma vez na vida?

Peter Drucker, Frederick Taylor, Mary Follett e Igor Ansoff haviam "entrado em cena" discretamente e se sentado ao fundo da sala. Max Weber, que "chegara" na noite anterior, também integrava o grupo. Abraham Maslow e Henri Fayol alegaram motivos pessoais para não participar das "conversas" naquele dia. Depois de presenciarem boa parte daquela nossa discussão, os notáveis aparentavam querer romper o silêncio.

Todos pareciam admitir que o mundo se tornara bem mais complexo que em suas respectivas épocas. No tempo de Taylor, por exemplo, a economia de custos e a eficiência operacional eram as coisas mais importantes na linha de montagem de um empreendimento. "Desempenho era sinônimo de fazer a mesma tarefa em uma unidade de tempo menor."

Taylor passava dias e dias estudando a maneira mais produtiva de apanhar carvão com pás. Ele não descansava enquanto não reprojetava cada tarefa para ser realizada com maior eficiência. No seu livro clássico, *Princípios de administração científica*, descreveu os desperdícios das coisas materiais e das "ações desastradas e mal orientadas dos homens".[2]

Uma década mais tarde, Mary Follett alegou que resultados melhores sempre podem ser conseguidos quando existe uma forte coesão do grupo e que uma das funções do líder é justamente conseguir a integração e o respeito entre os membros da equipe de modo que se sintam realmente parte do processo de trabalho.[3]

Drucker, que afirmara certa feita que "não há liderança sem resultados", sempre chamou a atenção para a complexidade de definir esses resultados, não só em empresas privadas, mas também em organizações sem fins lucrativos, um de seus focos de estudo. Ele lançou o conceito de Administração por Objetivos (ApO), que dominou o pensamento estratégico por pelo menos três décadas após a Segunda Guerra Mundial. Drucker tentava contribuir para aumentar a produtividade de uma organização mediante a definição de objetivos claros para os indivíduos, que em conjunto alcançam os objetivos estratégicos da empresa. Mas a ApO perdeu relevância a partir do início dos anos 1990, em parte por ser considerada uma metodologia muito "de cima para baixo", modelo típico das empresas hierárquicas da filosofia "comando e controle", que começava a ser questionada.

Todos propuseram abordar o tema que preocupava nosso presidente, fazendo questão de evidenciar sua concordância com o ponto central dele: a necessidade de os membros de uma organização terem clara noção do seu propósito.

— Esse propósito não significa focar em apenas um tipo de resultado e, muito menos, em um único indicador de desempenho — davam a entender os notáveis, cada um a seu modo.

184 | CÉSAR SOUZA

Até que um deles, não me lembro bem qual, pois falavam quase todos ao mesmo tempo, lançou a seguinte provocação:

— É como se o piloto do nosso trem-bala só olhasse para um dos relógios do seu painel de controle na cabine de comando.

— Excelente metáfora! — exclamou nosso líder. E, sem perda de tempo, foi logo perguntando: — Todos aqui concordam que o piloto, pouco importa se de um trem, avião, embarcação, automóvel de corrida ou moto, precisa olhar, ao mesmo tempo, para vários painéis na sua cabine de comando?

— A primeira conclusão é que, para esses tempos modernos, bem diferentes de outras épocas, temos de pensar em resultados, e sempre no plural — concluí, tentando sintetizar a mesma ideia que ouvíamos, de diversas formas e argumentos, dos gurus.

— Mas, antes de cogitar os diferentes tipos de resultado que se complementam, precisamos definir o propósito, uma bandeira que todos abracem — enfatizava o nosso presidente. Precisa ser algo que tenha significado e vá além das tradicionais missão e visão, já desgastadas pelo uso — fez uma breve pausa para beber um pouco de água e continuou: — Penso em algo simples, curto, direto, que atinja o coração das pessoas. Proponho que nosso **propósito** tenha como premissa a intenção de virarmos uma página na história do nosso setor, criando um valor percebido e construindo um significado para todas as partes interessadas no nosso negócio.

Aplaudimos essa intenção e nos voltamos para a etapa seguinte: a tarefa de montar um **mapa de geração de valor** customizado para o nosso negócio. Dividimo-nos em cinco duplas, cada uma delas formada por um guru e um membro da nossa empresa.

Quando estávamos definindo as duplas, o diretor de logística questionou por que eu, o diretor comercial, trataria do assunto "pessoas". Não resisti e devolvi:

— Porque cliente também é gente — respondi, sem hesitar.

Durante o almoço fizemos um brinde aos nossos progressos até o momento e ao nosso alinhamento crescente. Pedimos uma refeição leve e foi servido um tabuleiro de *mezzes* — uma variedade de entradas, como alcachofras preparadas no azeite, melão com queijo coalho cremoso, charutinhos de folha de uva, homus com pão pide e uma pasta feita de ovas de bacalhau, alho e azeite, servida com outro tipo de pão. Para finalizar, o forte café turco que se seguiu à sobremesa, outro tabuleiro com diferentes tipos de *lokum* e *kadayif* — um doce delicioso recheado com nozes e mergulhado no mel.

Dando sequência ao trabalho, cada dupla apresentou à "plenária" a sua proposta. Discutimos o conteúdo de cada uma delas, tiramos dúvidas, ajustamos detalhes e palavras, procurando sempre incorporar o me-

186 | CÉSAR SOUZA

lhor do que era oferecido. Nenhum de nós conseguia esconder a emoção de ter formado dupla com um dos sábios. Estávamos intelectualmente empolgados.

No final do dia, tínhamos formatado nosso mapa de geração de valor com cinco painéis complementares, cada um com três indicadores:

- Painel "Geração de riqueza", relatado pela jovem gerente financeira. Os três indicadores selecionados foram: faturamento, rentabilidade e valor de mercado.
- Painel "Clientes", relatado pelo DRH. Indicadores: paixão pela marca, indicações a novos clientes e aumento do ticket médio de cada cliente.
- Painel "Pessoas", relatado por mim, o diretor comercial. Indicadores: sucessores em todos os níveis, grau de engajamento e grau de inovação em novos produtos e serviços.
- Painel "Eficiência operacional, tecnologia, processos e sistemas", relatado pelo diretor de logística. Indicadores: ciclos operacionais, giro de estoque, ciclos de atendimento aos pedidos.
- Painel "Relacionamento com as partes interessadas" (parceiros, fornecedores, comunidades, investidores), relatado pelo presidente. Indicadores: sustentabilidade socioambiental, retorno sobre investimento, número de cidadãos beneficiados pelos produtos/serviços.

PASSAPORTE PARA O FUTURO | 187

Uma vez respondido "o que é resultado" e desenhado o nosso mapa, a pergunta inevitável foi levantada: como se obtém o alto desempenho? O que leva uma empresa a superar as metas estabelecidas?

A resposta óbvia de todos foi que a intensidade do grau de desempenho reside nas atitudes dos líderes. O tipo de resultado vai depender da postura dos líderes: se eles se comportam como meros "batedores de metas" ou se buscam gerar resultados sustentáveis.

Cumprindo a tarefa nobre dos intelectuais, que é a de combater a supersimplificação e o reducionismo de fatos e ideias, mais uma vez os gurus começaram a formular perguntas incômodas.

Indagaram, por exemplo, ao nosso DRH:

— A alta satisfação das pessoas leva a altos resultados?

— Claro que sim — replicou ele, em elevado tom de voz, surpreso com a pergunta por julgar que ela já trazia embutida uma resposta óbvia.

— "Provavelmente, sim" talvez fosse uma forma de pensar mais acurada — foi a resposta que ouvimos. — Será que o efeito inverso não é mais forte? Ou seja, será que a satisfação das pessoas leva ao alto desempenho ou é o sucesso da empresa que tem impacto sobre a satisfação dos seus membros?

Isso criou um nó no nosso pensamento. Nunca antes eu sequer imaginara essa inversão. Eles avançaram sem dó nem piedade. Mesmo percebendo nosso embaraço, continuaram de forma implacável com novas e instigantes questões.

Talvez quisessem nos dizer para ter cuidado e não nos precipitar sobre os fatores que realmente contribuem para os resultados e o desempenho de uma empresa.

Por exemplo, o mesmo questionamento pode se aplicar à cultura organizacional. Muita gente acha que uma forte cultura leva a um alto desempenho. Mas consideremos a hipótese do efeito inverso, pois sabemos que empresas de sucesso têm culturas fortes.

Liderança, idem. Podemos pensar que bons líderes criam alto desempenho, mas, cogitando o efeito inverso, as empresas de sucesso normalmente atraem bons líderes.

Phil Rosenzweig batizou essa distorção de "efeito aura" (*Halo Effect*): ao analisarmos o desempenho de uma empresa bem-sucedida, especulamos sobre certas características que ela tem — cultura, liderança e satisfação das pessoas, por exemplo —, como se fossem elas a impulsionar ou causar tal desempenho.[4] Olhando mais de perto, porém, vemos que não é bem assim. O desempenho elevado é que pode ser o responsável por esses atributos. Tais fatores podem ser mais as consequências do que as causas do desempenho.

É importante termos consciência de que o desempenho de uma empresa não é uma função linear, não obedece a leis imutáveis, nem pode ser previsto com a precisão de um cálculo matemático. Por exemplo, se investimos dez unidades monetárias e obtemos um resultado de duas unidades em um ano, isso não implica que, se investirmos quinze unidades (50% a mais), iremos obter três unidades de resultado (50% a mais). Podemos até obter mais de três, se tivermos grande sinergia interna e as circunstâncias ajudarem. Ou podemos obter até menos de dois, se a entropia interna for maior que a sinergia. Esse é o imponderável das estratégias e dos resultados.

Outro aspecto para o qual a conversa com os gurus acabou nos alertando: muita gente, quando pensa em resultado, logo se lembra de comparar-se ao concorrente.

Concluímos que nem sempre o maior concorrente de uma empresa vem de fora. Nem sempre são os competidores que fabricam os mesmos produtos ou prestam os mesmos serviços que nós. Quase sempre, nosso maior "concorrente" está dentro de casa.

— De fato, temos a tendência de buscar desculpas para os resultados que não conseguimos atingir, e o primeiro culpado sempre são os competidores — admitiu o nosso líder. — Nossa experiência tem demonstrado, contudo, que o maior problema quase sempre reside na falta de um rumo claro e de uma estrutura adequada, na falta de integração entre pessoas e entre áreas, na gestão inadequada de clientes, distribuidores e canais. Assim, vamos parar de buscar culpados e cuidar da nossa vida, fazendo o nosso dever de casa.

Propus que, em algum momento, tentássemos relacionar os principais "pontos cegos" da nossa organização, ou seja, aqueles fatores que não estamos conseguindo perceber e que podem estar impedindo a obtenção de melhores resultados.

Finalmente, a conversa com os pensadores motivou a correlação entre ética e resultados. Ficou claro que o importante não é apenas o resultado obtido, mas também a forma pela qual os resultados são obtidos e utilizados.

Após essa conclusão inspiradora, demos por encerrada a conversa sobre o tema "resultado".

Não pude deixar de alfinetar o diretor de logística, que dissera que "o lucro justifica os meios". Encerrei o colóquio, dizendo:

— Sempre me impressionou uma ideia do filósofo alemão do século XVIII Immanuel Kant: o que você não puder contar como fez, não faça.[5] — E fiz questão de repetir com outras palavras: — O resultado que você não puder contar como foi obtido, melhor não obtê-lo!

11. Mais peças do quebra-cabeça: estrutura, parceiros, tecnologia e a inovação como pilar da cultura

Estávamos bastante satisfeitos com a instigante conversa do dia anterior sobre como definir o mapa de geração de valor com o conjunto de resultados desejados e os indicadores de desempenho em nossa empresa. Em especial, acreditávamos que os painéis que havíamos formatado para nos guiar e ajudar a pilotar o trem-bala durante a viagem ofereceriam maior segurança para a travessia sinuosa da montanha-russa que é o mundo empresarial contemporâneo.

Mas o DRH foi logo apresentando os resultados de uma enquete sobre o grau de felicidade nas empresas: 24% dos quatrocentos participantes disseram ser alto e 66,2%, médio.[1]

— Eis um retrato nada animador — fizeram questão de destacar.

— Isso talvez explique a alta rotatividade, a dificuldade de atração e engajamento de talentos. Quando

192 | CÉSAR SOUZA

uma pessoa responde que o seu grau de felicidade no casamento é médio, já sabemos que tem divórcio à vista.

Os gurus também não pareciam ter se acomodado ao progresso da véspera. Já começaram a jornada lançando novos desafios. O resumo que faço das provocações é que não basta definir os resultados que queremos atingir. Isso é necessário, mas não suficiente. Precisamos considerar pelo menos quatro fatores que, se forem bem posicionados, poderão alavancar a obtenção dos melhores resultados:

- Como montar a **estrutura organizacional** da empresa de forma coerente com essas conversas? De que modo a empresa deve se organizar para estar adequada aos novos tempos?
- E as **parcerias** necessárias para se chegar aos resultados desejados? Como devem ser costuradas? Nenhuma empresa é autossuficiente, nem se trata de apenas acionar fornecedores e prestadores de serviços para obter automaticamente os recursos materiais e tecnológicos de que necessitam.
- Por falar em **tecnologia**, ainda não tratamos desse assunto com a profundidade necessária. Não estamos nos referindo unicamente a ferramentas, aplicativos, *gadgets* da moda ou equipamentos com software sofisticados, mas a um modelo mental que nos permita evoluir da cultura analógica para

a digital, aumentando, assim, nossa diferenciação e competitividade.

- Como construir uma **cultura de inovação como um pilar da cultura** que não seja apenas espasmódica, ocasional, mas perene, e que leve em conta, além da lucratividade, a sustentabilidade e a responsabilidade social? Como construir uma ponte que viabilize a convergência entre o mundo das empresas tradicionais como a nossa e o mundo das startups, que tanto podem ser uma ameaça quanto uma oportunidade de soluções de que tanto necessitamos e que não temos conseguido desenvolver em tempo hábil?

Então, os sábios revelaram que haviam se reunido na noite anterior para trocar ideias entre si e queriam propor esses quatro tópicos como a pauta desse nosso dia de discussão.

Alertaram-nos de que, antes de regressar para seus lugares de origem, tinham ainda um item muito importante a ser tratado: a cultura da empresa. Mas propunham que isso fosse o assunto do dia seguinte, o último do nosso encontro, quando esperavam que todos estivessem presentes para a "conversa final".

O presidente concordou com a agenda proposta, falando em nome do grupo da empresa. Afirmou que, sem uma estrutura ágil, flexível, dinâmica e sem parceiros adequados ou tecnologia e um processo de inovação constante, os resultados jamais seriam longevos e autossustentáveis.

194 | CÉSAR SOUZA

Todos balançamos as cabeças em sinal de assentimento.

O primeiro ponto escolhido para dar início à troca de ideias foi a estrutura organizacional, área natural de expertise de Max Weber.

Estrutura e governança sim, engessamento não

O presidente começou argumentando que talvez até mais difícil do que construir uma estratégia vencedora seja moldar uma estrutura organizacional que retrate essa estratégia. As estruturas tornaram-se verdadeiras camisas de força para a implementação das estratégias, pois insistem em continuar piramidais, hierarquizadas e funcionais, incompatíveis com o nível de agilidade e flexibilidade que as estratégias mais sofisticadas requerem, e incoerentes com a velocidade de resposta e a excelência no atendimento que os clientes exigem.

— As estruturas atuais são verdadeiras fábricas de infelicidade — arrisquei.

— Aliás — lamentou nosso chefe, — tudo está muito parecido nas respostas das empresas: organogramas semelhantes, políticas de RH e diretrizes organizacionais similares. O tal do *benchmark* pasteurizou o management. Os modelos de negócios, assim como os produtos, são sempre mais inovadores que os modelos de gestão, ainda presos a padrões ultrapassados.

Um consenso no grupo foi a crítica ao velho paradigma de que "a forma segue a função". Ele estabelece

PASSAPORTE PARA O FUTURO | 195

que primeiro se define a estratégia, depois a estrutura e então a empresa escolhe as pessoas para se encaixarem nos quadradinhos do organograma, de acordo com um perfil preestabelecido.

Todos pareciam muito impressionados com as propostas de Jim Collins, conhecido autor e pensador contemporâneo, relatadas pelo DRH:

— Primeiro você escolhe as pessoas, depois define a melhor forma e a melhor estratégia, e a responsabilidade é atribuída conforme o potencial de cada um. Collins insiste nos seus livros que empresas bem-sucedidas primeiro formam uma equipe de pessoas especiais e a estratégia de sucesso vem em seguida. As empresas que ele chama de *great companies* colocam "as pessoas certas no ônibus, as pessoas erradas para fora do ônibus, e as pessoas certas nos assentos certos; e então pensam em qual direção tomar".

Em suas palestras, Collins tem afirmado que "a habilidade número um de um executivo é escolher as pessoas certas e colocá-las nas posições certas", resgatando, de certa forma, a conhecida afirmação de "a pessoa certa no lugar certo". Trata-se de uma inversão: a forma (estrutura e pessoas) vista como possível causadora da função (estratégia).[2]

Todos consideraram um avanço que a estrutura seja vista como espelho da estratégia, fazendo parte dela, como se fosse o outro lado da moeda, em vez de ser apenas uma consequência.

Percebendo as idas e vindas da conversa, aproveitei para arrematar:

— O mais importante não é saber quem vem antes, estrutura ou estratégia, mas ter consciência de que o "quem" é o fator-chave para definir o sucesso ou não de estratégias e estruturas.

Antes de prosseguir, formou-se um consenso de que o conjunto de regras e princípios rígidos, de sistemas de controle e de hierarquias para estruturar empresas proposto por Weber visava contribuir para um modelo organizacional que evitasse a arbitrariedade, o confronto e os abusos de poder característicos da sua época.

A organização ideal, concebida por Weber, baseava-se nos princípios da divisão do trabalho, da escala de autoridade, da competência técnica, dos controles rígidos e das regras impessoais. Ele alegava que, para ser "capaz de atingir o mais elevado grau de eficiência", teria de empregar formalmente "o mais racional e conhecido meio de exercer a dominação sobre os seres humanos... superior a qualquer outro em precisão, estabilidade, rigor, disciplina e confiança". Movido pelo desejo de "maximizar a eficiência operacional", Weber procurou formatar uma filosofia gerencial que associava as práticas do capitalismo incipiente a princípios morais, em particular à ética protestante.[3]

Começamos, então, a nos revezar nas argumentações e na descrição de quais seriam as características da estrutura organizacional mais adequadas às novas circunstâncias. Consegui anotar cinco delas:

1. **Descentralização.** As empresas mais coerentes com as circunstâncias do momento são dotadas de estruturas descentralizadas interdependentes, mais planas, que estão substituindo a estrutura tradicional e até mesmo os arranjos matriciais ainda encontrados na maioria das empresas. Estas precisam mais de *squads* do que de departamentos. A palavra-chave é "interdependência", pois o objetivo é conquistar maior autonomia, mas sem criar feudos independentes e disfuncionais. A estrutura da neoempresa precisa ser mais negocial que funcional.

2. **Delegação planejada.** As estruturas descentralizadas funcionam a partir de um processo evolutivo de delegação planejada que se concretiza mediante uma "ferramenta" de delegação, contendo um conjunto explícito de indicadores pactuados (não de meras funções ou atividades) que devem nortear o diálogo permanente entre líderes e liderados. Chamei a atenção de todos com uma nova frase de efeito: "Delegar não é sinônimo de abandonar."

3. **Unidades menores.** Precisamos ser percebidos como uma "confederação de pequenas empresas", em vez de uma grande empresa. Mesmo quando entra em processos de fusões e aquisições, essa confederação se decompõe em unidades menores,

198 | CÉSAR SOUZA

mais administráveis, com responsáveis por centros de resultados e por unidades negociais ou unidades de apoio.[4] Até no chamado "chão de fábrica", as linhas de montagem têm sido decompostas em células de produção semiautônomas. Isso permite que uma equipe realize o "todo" na fabricação de uma peça ou produto e desenvolva um senso de conjunto. Mas é preciso cuidado para não perder a visão de que faz parte de algo maior.

4. **Flexibilidade.** As neoempresas evitam as estruturas rígidas. Partem do princípio de que não existe um só tipo de estrutura certa. Customizam suas estruturas de acordo com cada negócio, com o estágio do ciclo de vida da empresa, com a personalidade e o estilo dos envolvidos no processo decisório do cliente. A estrutura muitas vezes é o reflexo da forma de se relacionar com os clientes. Se um prestador de serviços atende a grandes empresas, a estrutura é desenhada de um modo; se trabalha com uma enorme variedade de pequenas e médias empresas, o desenho da estrutura é outro. O mais interessante: a mesma empresa pode ter, simultaneamente, modelos distintos de estrutura que convivem visando maximizar o atendimento eficaz a seus diversos tipos de clientes. Em certos negócios, as estruturas são concebidas com base em *jobs* ou projetos específicos.

5. **Equipes virtuais.** Essa nova tendência de arranjo organizacional evita inchaços no organograma.

Os grupos-tarefa, ou até mesmo os mais modernos *squads*, são os formatos mais adequados para esse novo momento. As empresas funcionam como verdadeiros *hubs* de prestação de serviços, em que especialistas se associam para executar tarefas específicas, cada um mantendo uma rede colaborativa intensa: as equipes virtuais. Num desdobramento dessa tendência, procura-se dar grande capilaridade de ação ao pessoal de vendas e assistência técnica para que atuem junto aos clientes em vez de ficarem enclausurados nas paredes da empresa.

— Porém, o mais importante de tudo, em qualquer época e circunstância — mais uma vez concordamos —, é a coerência entre o modelo de negócio, o modelo de gestão e a estrutura organizacional. A maioria das empresas não busca essa consistência entre o que pretende fazer, como vai atuar e a forma de se estruturar. Uma visão integradora é fundamental para evitar desperdícios de energia humana, tempo e recursos.

O nosso líder vibrou com essa colocação:

— Bravo! O encaixe entre diferentes componentes do negócio é o que chamo de estratégia.

Os sábios se entreolharam, como se estivessem pensando que essa visão teria feito grande sucesso nas suas respectivas eras e provavelmente evitado problemas a muitas empresas ao longo do século XX.

— Na era do management tradicional, os gênios eram caricaturados dentro de garrafas que os aprisionavam — prosseguiu o presidente. — Agora, precisamos libertá-los dos retângulos dos organogramas, dos cubículos das empresas e das salas de treinamento, que, em vez de desenvolvê-los, muitas vezes se limitam a fazer o adestramento de talentos para as práticas consumadas da empresa.

A gerente financeira lembrou-se, então, do caso de um amigo de infância, bastante talentoso e criativo, que não queria de forma alguma fazer carreira no mundo corporativo, pois dizia ter "alergia à burocracia e às normas empresariais". Sob pressão de seus familiares, enviou o currículo para diversas empresas. Cada vez que recebia um e-mail dizendo que o seu perfil não era o adequado para as necessidades da empresa naquele momento, ele vibrava e celebrava a negativa.

— Uma possível solução — arrisquei-me a dizer — seria as empresas começarem a se estruturar a partir de equipes menores com poder de decisão e certo grau de autonomia e responsabilidade, não só pela produção de tarefas, mas pela montagem da estrutura de trabalho e pela mobilização de pessoas. Uma ideia que algumas empresas já começam a praticar é, na hora do recrutamento e da seleção, em vez de delegar esse processo ao RH, deixar que cada candidato seja aprovado pela maioria da equipe da qual fará parte — e não apenas pelo chefe da área ou por uma ou duas pessoas. Isso tem aumentado a taxa de acerto de ambas as partes.

O sociólogo Guerreiro Ramos não estava participando do "encontro", mas, se lá estivesse, provavelmente teria opinado sobre essa irreverente colocação.

Nascido em Santo Amaro, na Bahia, em 1915, Guerreiro Ramos tinha rica formação intelectual. Em 1944, influenciado por Max Weber, passou a se interessar pela teoria das organizações. Assessorou o presidente Getúlio Vargas durante seu segundo governo, atuando em seguida como diretor do Departamento de Sociologia do Instituto Superior de Estudos Brasileiros (Iseb) até 1964, quando teve seus direitos políticos cassados. Conhecia o mundo do empreendedorismo: foi secretário do grupo Executivo de Assistência a Média e Pequena Empresa do Banco Nacional de Desenvolvimento Econômico (BNDE). Fez a primeira pesquisa de padrão de vida no Brasil, em 1952. Além disso, sempre demonstrou orgulho de sua ancestralidade africana, tendo coordenado o Instituto Nacional do Negro.

Com sua peculiar sensibilidade para o social, se estivesse naquele "encontro", Guerreiro Ramos provavelmente teria alertado que palavras de uso disseminado no universo corporativo, como "descentralização", "autonomia" e "delegação", podem expressar significados diferentes dependendo de quem as emite. Assim, não é de se estranhar que às vezes as pessoas concordem com ideias divergentes ou discordem da mesma ideia, sem se dar conta. Como as estruturas atuais ainda estão baseadas em crenças sobre o trabalho humano arraigadas há mais de um século, vale a pena fazer um esforço de esclarecimento do significado de certas palavras. Por exemplo, centralização e descentralização não são termos absolutos. Envolvem uma escala:

Empresas totalmente centralizadas têm graves problemas de velocidade, flexibilidade, dependência, acomodação e busca de desculpas e culpados. É muito fácil delegar para cima, fugir da responsabilidade e ficar esperando que alguém decida para então seguir em frente (ou para os lados, como é mais comum). Tais empresas derrapam na competitividade e acabam superadas no ciclo vicioso da perda do tripé de clientes, rentabilidade e talentos. O custo é alto: desperdício de recursos e tempo de entrega sempre maior que o planejado.

Empresas totalmente descentralizadas também têm problemas significativos: governança inadequada, falta de definição clara de responsabilidades, possibilidade de desvios éticos, risco de ações inadequadas isoladas comprometerem todo o conjunto, desalinhamentos e conflitos entre áreas etc.

Por esse motivo, um fator sempre a considerar é o momento, o estágio no ciclo da vida, em que se encontra a empresa: é uma startup? Já decolou? Está em fase de amadurecimento? Vive uma crise de declínio? Também é preciso levar em conta sua estratégia e os resultados desejados. Por exemplo, estratégias agressivas de crescimento pressupõem nível maior de descentralização, desde que possuam líderes amadurecidos o

PASSAPORTE PARA O FUTURO | 203

suficiente para receberem o grau de delegação adequada ao seu grau de maturidade.

Numa empresa que está começando, é natural um grau de centralização maior, que deve diminuir à medida que ela for amadurecendo. Uma empresa em crise e precisando de uma virada requer maior centralização. Enfim, as circunstâncias, os resultados desejados, a personalidade, o grau de maturidade e a confiança dos envolvidos são os fatores que determinarão o "ponto ótimo" da descentralização.

De um lado, a chave para esse grau ideal de descentralização é garantir a cultura de empreendedorismo, inovação, flexibilidade, agilidade, autonomia motivadora, aproveitamento de oportunidades, postura de dono, foco no resultado e planejamento sem burocratização excessiva; e de outro, assegurar responsabilidade, mitigação de riscos, coordenação, sinergia, respeito aos valores básicos e cuidados com o todo, não apenas a parte.

O nosso presidente manifestou-se mais uma vez:

— Ao contrário do que muitos pensam, descentralização não é abandonar a equipe e abdicar do exercício do poder, nem deixar de acompanhar e estar informado. Delegar não é simplesmente dizer aos subordinados que "se virem". Eu procuro delegar o máximo possível, mas acompanho cada um com intensidades diferentes, dependendo do nível de maturidade de cada liderado — arrematou.

Lembrei-me das observações de Douglas McGregor, um dos mais influentes pensadores na área das relações humanas. No seu livro *O lado humano da empresa*, publicado em 1960, ele se contrapôs ao dogma de gestão vigente, que tratava os empregados como preguiçosos, desinteressados pelo trabalho e motivados apenas pelo dinheiro; sua proposta é de que o ser humano pode ser automotivado quando encontra sentido naquilo que faz.[5] Mas isso não significa uma visão complacente, em que o funcionário escolhe o que deseja fazer. A empresa continuaria tendo dirigentes para atribuir tarefas e responsabilidades.

A descentralização exige maturidade, respeito, transparência, disciplina, atitude sinérgica, postura de servir a quem está na linha de frente e uma clara política de meritocracia. Pressupõe não a ausência, mas um diálogo intenso entre líder e liderado.

Por outro lado, sabemos que a delegação deve ser planejada conforme o grau de maturidade e comprometimento da pessoa que a recebe. Ou seja, cabe ao liderado conquistá-la, comprovando por meio de suas atitudes e sua responsabilidade o preparo para assumir um grau crescente de delegação.

Finalmente, nossa gerente financeira discorreu sobre algo com o qual os gurus não pareciam muito familiarizados: a governança corporativa, um conceito e uma prática que têm se fortalecido a partir das crises que recentemente abalaram empresas e mercados.

— As também chamadas boas práticas da governança foram criadas para regular as relações de diferentes instâncias de uma empresa, como o conselho de administração e o presidente, principalmente nas empresas de capital aberto, listadas nas bolsas de valores — explicou a gerente financeira. — O curioso é que tais práticas estão baseadas na desconfiança e no medo. Muitas vezes, para atenuar os riscos, tornam-se um fator adicional de burocratização nas empresas. Daí o processo e os direitos decisórios passam a ter mais importância que o empreendedorismo e a espontaneidade dos dirigentes e dos responsáveis.

Discutiu-se, então, como será a governança nas neo-empresas. A hipótese levantada foi de que o arsenal das boas práticas de governança que estamos construindo hoje não será compatível com a inquietação dos jovens talentos. Corremos o risco de produzir empresas engessadas e pouco atrativas. Se for assim, os mais talentosos buscarão fundar seus próprios negócios, enquanto as empresas terão de se contentar em oferecer suas vagas aos não tão talentosos assim.

Mais uma vez, os gurus nos lançaram suas instigantes perguntas:

— Qual é a prática que mais afasta os bons profissionais de sua empresa? O que os desmotiva e os faz ir embora?

— Como vocês esperam conciliar a tensão entre os que desejam preservar a governança burocrática (manter o *status quo*, os privilégios e o poder burocrático) e

206 | CÉSAR SOUZA

aqueles que desejam inovar criando uma organização menos estruturada, menos rígida, mais flexível e menos "gerenciada"?

A essa altura, fizemos uma pausa para um lanche. Foi servido um *simit* — parecido com um *bagel*, um pão em formato de anel, em que a massa é coberta com sementes de gergelim, onipresente nas ruas das cidades turcas. No retorno à discussão, nosso foco seria procurar entender como a gestão dos parceiros pode ser uma das peças essenciais do quebra-cabeça para se obter resultados diferenciados.

Parcerias integradas, negócios surpreendentes

Iniciamos a conversa sobre esse tópico constatando que a convergência de tecnologias está levando à convergência da competição, formando clusters de empresas de tecnologia que se associarão de forma complementar para competir melhor. Assim, a competição não se dará mais no nível de produto × produto, nem de empresa × empresa, como na época dos gurus, mas de cluster × cluster. As empresas competitivas serão uma espécie de *hub* de competências complementares, associando um conjunto de empresas, fornecedores, investidores, parceiros, comunidades e demais partes interessadas.

Uma nova competência será exigida na administração dessa rede de parceiros de forma a elevar o patamar da empresa, expandindo significativamente

PASSAPORTE PARA O FUTURO | 207

não apenas o seu poder tecnológico, mas também o seu poder de fogo para negociar. Será preciso estimular a integração das equipes na empresa e desta com seus parceiros estratégicos, mas sem abrir mão de seus valores básicos, alertaram os sábios.

O comportamento será o de incentivar sempre a busca de soluções e evitar a rigidez de regras unilaterais. Preservar a integridade, a imagem e os valores éticos da empresa. Garantir o clima de ganha-ganha entre os envolvidos e articular os fatores políticos e estratégicos para a parceria saudável.

Trata-se realmente de uma competência nova e diferenciada — a capacidade de montar e operar uma estrutura em rede, formada por um conjunto de diferentes organizações e partes interessadas, um complexo articulado de negócios e competências complementares cujas atividades são coordenadas por contratos, acordos e relações interpessoais e não mais pela criação de estruturas formais, hierárquicas, engessadas e rígidas.

— Sem dúvida, uma estrutura muito mais flexível, ágil e adequada aos ambientes incertos, turbulentos e dinâmicos que predominam nos dias atuais do que o modelo industrial e concentrador que funcionava em nossa era — davam a entender os sábios, com a aparente concordância de todos.

As empresas deverão estimular a contínua busca de parceiros estratégicos, inclusive os que poderão parecer, à primeira vista, "impensáveis", visando a

208 | CÉSAR SOUZA

identificar oportunidades de soluções únicas para seus clientes por intermédio do profundo conhecimento das competências dos parceiros.

O presidente alertou que o bom empresariamento dos parceiros numa rede poderosa e diferenciada poderá ser um dos ativos intangíveis para maximizar o valor de mercado da empresa — assim como a marca, o relacionamento com os clientes e a qualificação de pessoas e líderes. E perguntou:

— Quais as parcerias aparentemente sem nexo, impensáveis, que precisamos construir no futuro?

— Se é para ser sincero e cada um dizer o que pensa, quero afirmar que considero toda essa conversa de hoje uma bobagem — com esse preâmbulo, o diretor de logística fez questão de revelar a essência do seu pensamento. — Essa história de engajar parceiros cai bem nos livros e em relatos de cases apresentados em universidades e seminários. Para ter sucesso e aumentar o valor de mercado de uma empresa temos mesmo é de espremer os fornecedores, tirar deles o máximo em termos de preço, prazos e outras condições comerciais. Fazendo isso, o lucro aumenta, pois o custo diminui. Ficar paparicando fornecedor e prestador de serviços só aumenta o custo. Desculpem, mas pensei que iríamos nos encontrar para buscar soluções pragmáticas e não para discutir poesia...

O mal-estar foi geral. Ainda mais porque o comentário partiu justamente do diretor de logística, o res-

PASSAPORTE PARA O FUTURO | 209

ponsável por articular parcerias que possibilitem à empresa alcançar os resultados almejados.

O DRH foi rápido no gatilho e reproduziu em voz alta um pequeno trecho de um artigo de Drucker, *Managing oneself*:

— Primeiro, concentre-se em seus pontos fortes... Segundo, trabalhe para aprimorar suas forças... Terceiro, descubra onde sua arrogância intelectual está provocando uma ignorância que incapacita você e supere isso.

"Toma, distraído!", meu pensamento certamente refletia o que se passava na mente de todos os presentes.

Foi então que, de olho no relógio, a jovem gerente sugeriu que, em função do horário, fosse tratado o próximo tópico da pauta. Não houve objeção.

Alta tecnologia? Alto envolvimento!

Dei início à discussão sobre o papel da tecnologia dizendo que o ritmo alucinante dos avanços e das rupturas tecnológicas das últimas duas décadas estariam nos deixando como que hipnotizados. Em vez de nos apoiarmos na tecnologia como recurso de suporte à vida, estaríamos nos colocando a seu reboque, permitindo que ela estabeleça nossa agenda, nossos valores, nosso modo de vida e fechando os olhos para as consequências dessa nova realidade. Isso tem se intensificado com o ritmo acelerado das inovações tecnológicas — a IA, a IoT, o metaverso e a frenética digitalização geral.

210 | CÉSAR SOUZA

Antes confinado ao pessoal altamente técnico, o antigo departamento de tecnologia da informação (TI) invadiu todas as áreas corporativas. Deixou de ser um apêndice, um custo necessário ao bom funcionamento da empresa, para adquirir o status de ferramenta estratégica indispensável para o sucesso do negócio. TI passou a ser um diferencial decisivo para muitas empresas, um fio condutor de estratégias em vários negócios.

Mas a chave reside não apenas na área de TI, mas na cultura digital e no uso de uma **"tecnologia humanizada"**, que não nos afaste das pessoas e dos parceiros, nem dos nossos clientes. Empresas do setor financeiro, bancos, varejistas, negócios de educação, mobilidade urbana e até mesmo de saúde e medicina, para citar alguns exemplos, têm na tecnologia a espinha dorsal dos seus modelos de negócio.

A tecnologia também oferece a possibilidade de juntar pessoas. Não apenas aproximar familiares e amigos de cidades e países diferentes. Presenciamos uma mobilização em proporções antes inimagináveis nas praças de vários países europeus, latino-americanos, africanos e árabes — em um verdadeiro fenômeno de geração espontânea de interesses, turbinado pela tecnologia das redes sociais. Em escala menor, o mesmo fenômeno começa a ocorrer em torno de interesses comuns nas empresas.

E, antes que alguém fizesse qualquer comentário, acrescentei que alta tecnologia exige alto contato hu-

PASSAPORTE PARA O FUTURO | 211

mano, tomando de empréstimo uma expressão ouvida havia anos do futurólogo americano John Naisbitt. A frase original é: *"High tech, high touch"*. Em tradução livre: quanto mais sofisticada a tecnologia, maior a necessidade do contato humano![6]

Ao nos despertar para a relevância da alta tecnologia, o autor nos aconselha a não ignorar a importância do alto contato humano. Afinal, o primeiro jamais substituirá o segundo.

Além disso, é importante garantir a coerência entre tecnologias, processos e sistemas com o modelo de negócios, a estratégia e o modelo de gestão. A tecnologia deve ser uma ferramenta para viabilizar a tão desejada sinergia com sócios, parceiros e demais partes interessadas e possibilitar pontos de descontinuidades que promovam processos, sistemas e recursos diferenciais e decisivos para a empresa. É fundamental todos percebermos que a tecnologia e a transformação digital vão muito além de softwares, equipamentos e aplicativos. Trata-se de um modelo mental, uma forma de pensar, agir e decidir, uma espécie de novo idioma sem o qual ficaremos para trás, impossibilitados de falar a linguagem dos clientes e parceiros estratégicos.

Inovação como pilar da cultura

— Que as empresas precisam se reinventar de forma contínua, disso todos já sabemos — fui logo dizendo quando começamos a discutir esse tópico fascinante

212 | CÉSAR SOUZA

da inovação. — Quase todos os maiores experts em management, inclusive alguns dos que se encontram aqui, já afirmaram que as empresas precisam se reinventar e que a inovação é a chave para garantir o futuro dos negócios (e é mesmo!). O que não sabemos com tanta certeza é como criar uma cultura de inovação e como fazer a gestão da inovação. Às vezes chego a pensar que sem inovação não há santo que ajude! — pensei em voz alta. Em seguida me arrependi do que falei. Mas já era tarde...

Todos se entreolharam e riram da minha ousadia.

Confesso que aquela troca de olhares me deixou constrangido a ponto de não conseguir registrar o que foi falado na hora. Sei que iniciaram uma preleção sobre o tema "inovação", revezando-se nos comentários. Então, de memória, reconstruo suas observações.

A inovação é universal e atemporal. E a criatividade é a matéria-prima básica da reinvenção constante das empresas. Nossas companhias precisam de muita criatividade em várias áreas: desenho de produtos, embalagens, serviços, finanças, marketing, logística e distribuição.

A nossa jovem gerente enfatizou que o grande desafio para os "gênios" contemporâneos não será o de inventar um produto ou fazer uma descoberta científica. Ser genial passou a ser criar condições favoráveis para a manifestação da genialidade latente em outras pessoas. A verdadeira genialidade será preparar pessoas que tenham capacidade de despertar essa virtude em outras.

Voltando-se para o nosso presidente, ela perguntou:

— Tome o exemplo de uma empresa familiar que se desenvolveu graças ao sonho de um fundador. Você acha que ele apoiará uma ideia nova que ameace as bases do modelo de negócio que ele criou? Você acha que seus subordinados terão coragem de apresentar ideias novas?

Antes que nosso presidente tivesse a chance de responder, ela prosseguiu:

— Os verdadeiros inovadores não vão ficar nas tradicionais empresas familiares. Assim as organizações engessadas perderão seus verdadeiros talentos, que irão montar seus próprios negócios a fim de dar asas à sua criatividade.

À medida que a discussão avançava, ia ficando muito claro que inovação e estratégia andam de mãos dadas nas empresas vencedoras.[7] O primeiro passo na gestão da inovação consiste na identificação e remoção das barreiras mentais que aprisionam possíveis expressões da criatividade humana dentro de nossas obsoletas formas de organização. Torna-se necessário desmistificar algumas percepções sobre criatividade, por exemplo, de que seria um atributo natural de uns poucos privilegiados. Isso é uma herança perversa da era industrial, que procurou separar o pensar do fazer, o planejamento da ação, o dirigente dos dirigidos.

214 | CÉSAR SOUZA

A genialidade não tem cor, sexo, idade, tamanho, ideologia, credo ou classe social. Para competirmos melhor neste milênio, precisaremos de gênios onde quer que estejam.

Como já havia se tornado uma praxe nesse "encontro" improvável com os gurus, eles voltaram a insistir que às vezes é melhor uma boa pergunta que uma boa resposta. Aquilo soou como uma deixa. De repente passaram a nos bombardear, mais uma vez, com uma saraivada de perguntas. Utilizaram o seguinte argumento: como somos executivos e estamos com a mão na massa no dia a dia, era natural que soubéssemos mais do que eles as respostas para certas questões:

— Como tornar a inovação uma função de todos na empresa, todos os dias? Como as inovações podem ocorrer de forma sistemática e orgânica, não apenas espasmódica? Como criar um ambiente de trabalho que inspire as pessoas a dar o melhor de si, expandindo a imaginação humana?

— Como transformar ideias e criatividade em valor para clientes, acionistas, comunidades, colaboradores e parceiros?

— Como edificar uma empresa que seja tão ágil quanto a própria mudança? Como construir o futuro enquanto garantimos o presente?

— Qual o papel do líder na inovação?

— Como criar um processo de empresariamento de ideias que gere opções estratégicas inovadoras sempre, sem risco de deturpação à medida que sobem na hierarquia?

— Em quais instâncias as ideias inovadoras devem ser avaliadas? Será que os mecanismos da estrutura tradicional são realmente os mais indicados para decidir sobre as ideias a serem colocadas em prática?

E deixaram para o fim a pergunta mais perturbadora:

— Que crenças "sagradas" sufocam a inovação nas empresas?

Debatemos primeiro entre nós, os executivos da empresa. Compartilhamos logo depois com eles, os pensadores. Foi uma sessão bastante produtiva. Concordamos que, em vez de respostas incisivas, preferíamos concluir a conversa sobre esse tópico com algumas afirmações para reflexão posterior:

- Antes de criar as inovações, precisamos criar os INOVADORES. Por exemplo, seria bom cada líder em cada empresa responder: quantos INVENTORES ou INOVADORES a sua empresa possui atualmente?
- Inovação não ocorre apenas nos tradicionais P&Ds, os departamentos de pesquisa e desenvolvimento. Precisamos evoluir: temos de inovar não somente no desenho de produtos, nas embalagens e em tecnologia; precisamos pensar na inovação em todos os níveis, dentro e fora das paredes das empresas,

216 | CÉSAR SOUZA

na relação com clientes, canais, fornecedores, comunidades e parceiros, e na reinvenção dos modelos de negócios.

- Inovação significa criar e captar valor: aumento de receitas, diminuição de custos, mitigação de riscos.
- A gestão da inovação não é uma questão técnica nem apenas uma questão de processos. É muito mais uma questão de atitudes e postura de uma cultura. Exige disciplina. Deve ser tratada como um valor, não apenas como um projeto!
- A gestão da inovação deve começar com um pro-grama para detectar e remover as barreiras mentais que aprisionam a criatividade humana dentro de formas obsoletas de organização.
- Inovação e empreendedorismo devem caminhar juntos.

Chegamos, inclusive, a levantar alguns ditos populares que exemplificam bem as barreiras mentais à inovação, como: "em time que está ganhando não se mexe", "cada macaco no seu galho", "devagar e sempre a gente chega lá", "manda quem pode e obedece quem tem juízo".

Lembramos, também, das palavras de Steve Jobs numa entrevista à revista *Fortune*, em 1998. "A inova-ção não tem nada a ver com a quantidade de dólares que você investe em pesquisa e desenvolvimento", dis-se o criador da Apple. "Não é uma questão de dinheiro. É a equipe que você tem, como você lidera e quanto você entende da coisa." Jobs procurava estimular a paixão constante pela inovação, o que fica patente em duas de suas frases mais conhecidas: "think different" ("pense diferente") e "keep hungry" ("continue faminto", numa tradução literal, mas que pode ser entendido como "não se acomode").[8]

Alguns desafios permanecerão: é possível estimular a cultura de inovação sem mexer no sistema de remuneração? Como criar condições para que as pessoas participem da riqueza que são capazes de gerar?

Por último, a grande questão é que a cocriação com parceiros e clientes será a nova fronteira da inovação. Não se tratará apenas de criar um produto revolucionário e apresentá-lo ao mercado. Trata-se de criar e desenvolver em conjunto uma nova solução que possibilite o melhor ao cliente.

Para apimentar essa discussão sobre inovação, decidi cutucar nosso time dizendo que uma semente nova dificilmente frutifica se for plantada debaixo da sombra de uma árvore frondosa. Argumentei que uma possível solução para construir nosso "passaporte para o futuro" seria a empresa criar um *hub* de **inovação** interdependente, porém fora das paredes da empresa e com orçamento próprio; equipe dedicada e com metas bem definidas para trazer soluções de aumento de receita, diminuição de custos e mitigação de riscos, através de captura, parcerias e até mesmo fazendo investimentos em startups que estão sendo criadas e possuem liga com nosso negócio e nossas necessidades.

Expliquei um pouco como funcionaria, citei três ou quatro exemplos de empresas: uma siderúrgica, uma empresa de infraestrutura e uma de engenharia ambiental, que implantaram tais *hubs* de inovação e vêm obtendo um grau considerável de sucesso. A vibração foi geral, o nosso presidente se entusiasmou com a ideia e me pediu que preparasse um plano diretor para o *hub* de inovação da nossa empresa, a fim de levar uma proposta ao conselho de acionistas. Topei na hora!

— Talvez a grande lição que poderíamos tirar de tudo o que foi dito aqui hoje seja a importância de buscar a convergência e o equilíbrio para nos guiar por esse cenário turbulento — disse o presidente, ao finalizar a reunião. — Ficamos mais conscientes sobre o impacto de algumas das alavancas para o sucesso dos resultados: estrutura ágil e flexível, parcerias complementares e integradas, inovação constante em todos os níveis e, finalmente, a tecnologia, processos e sistemas que facilitem o envolvimento das pessoas e a entrega aos clientes. Resta saber combiná-las na medida certa, como fazem os chefs com seus ingredientes ao elaborar os pratos da alta cozinha. A "receita" que deve nos orientar, nesse caso, é a cultura da empresa. Esse será o tema de amanhã, último dia do nosso encontro. Esperamos todos vocês para nossa conversa conclusiva.

Teşekkür ederim, muito grato, bom descanso e até amanhã!

12. Cultura: o ativo (ou passivo) que não aparece no balanço das empresas

Estávamos, finalmente, não mais em uma sala do hotel em Malatya, mas no monte Nemrut, em uma tenda erguida sobre o solo pedregoso, no mesmo local onde havíamos nos reunido no início de nossa jornada. Os sete pensadores convidados e os cinco dirigentes da empresa atormentada pelo futuro atenderam ao chamado para a última reunião de nosso encontro improvável.

O presidente abriu a sessão assinalando a feliz coincidência: a presença de todos bem no dia dedicado ao tema da cultura organizacional, que tem sido o maior desafio entre os aspectos intangíveis de uma empresa e que por sua natureza exige uma diversidade de perspectivas. E foi logo agradecendo a boa vontade demonstrada pelos participantes.

Olhei em volta para os notáveis convidados daquela reunião e me lembrei de detalhes que conhecia sobre a infância de Drucker, passada no subúrbio vienense.[1] Filho de um graduado funcionário do governo e de uma consagrada médica, acostumara-se aos encontros promovidos por seus pais, Adolph e Caroline. A casa da família era frequentada por advogados, filósofos, políticos, jornalistas, professores e outros representantes do conceituado mundo intelectual austríaco, conhecido como o Círculo de Viena.

Mirei as cabeças de pedra calcária de Zeus, Apolo e de outros ícones das mitologias grega e persa. Aquelas imagens me remeteram ao que provavelmente acontecia na sala de visitas da família Drucker, onde o pensador desde muito jovem teve a oportunidade de presenciar as animadas discussões entre ícones de carne e osso, como o notável economista Joseph Schumpeter e o psicanalista Sigmund Freud, dois luminares da época.

Schumpeter foi o primeiro a escrever sobre a importância dos empreendedores na sociedade, considerando-os uma fonte de inspiração para inovações tecnológicas.[2] Foi também um defensor entusiasta da integração da economia à sociologia para o melhor entendimento de suas teorias econômicas. Tornou-se mundialmente conhecido pelo conceito de "destruição criativa", segundo o qual os antigos modelos de negócios, mesmo os bem-sucedidos, precisam ser "destruídos", ou melhor, superados, para dar origem ao novo, mais adequado para competir melhor em novas circunstâncias. Esse conceito foi popularizado em seu livro *Capitalismo, socialismo e democracia*, de 1942, que descreve o processo de inovação. Atualmente, considera-se que as teses de Schumpeter sobre ciclos econômicos e desenvolvimento

PASSAPORTE PARA O FUTURO | 221

não podiam ser assimiladas por meio do instrumental matemático disponível na época.

O jovem Peter Drucker tinha apenas oito anos de idade quando ouviu do seu pai: "Nunca se esqueça deste dia. Você acabou de conhecer o homem mais importante da Áustria e talvez de toda a Europa." O velho Adolph se referia a ninguém menos que Sigmund Freud, o pai da psicanálise. Suas respectivas famílias passavam as férias às margens do mesmo lago.

O conhecido interesse de Drucker por tantas áreas — arte, religião, filosofia, direito, negócios, literatura, psicologia — deve ter sido um reflexo da diversidade dos pensadores que frequentavam a sua casa.

Parabenizei o presidente pela sua iniciativa de convocar tal encontro no monte Nemrut, convidando sete pensadores, cada qual com uma perspectiva diferente, porém complementar, sobre a realidade e os desafios da neoempresa que precisamos construir nesse mundo em transe.

— Não posso deixar de revelar minha emoção de estar neste exato momento defronte de sete sábios num local que homenageia mitos gregos e persas — disse a jovem gerente financeira.

Não pude evitar a lembrança do afresco *A Escola de Atenas* (1509-1510),[3] uma das maiores obras do grande pintor renascentista italiano Rafael Sanzio, que pode ser visto nas paredes da Stanza della Segnatura, vizinha à Capela Sistina, no Vaticano. A obra mostra um grupo de filósofos de várias épocas ao redor de Aristóteles e Platão, ilustrando a continuidade histórica do pensamento filosófico. Rafael pintou os maiores estudiosos antigos como se fossem amigos que discutiam entre si. Platão segura o seu livro *Timeu* e aponta para o alto, sendo assim identificado com o ideal, o mundo inteligível. Aristóteles segura o seu *Ética a Nicômaco* e tem a mão na horizontal, representando o terrestre, o mundo sensível. Pitágoras, Euclides, Ptolomeu e Heráclito são outros dos dezesseis retratados naquele encontro também improvável, mas tornado factível pela imaginação do artista.

Tive a sensação de que o "encontro" entre os sábios e os dirigentes da empresa, durante aquela semana, na Turquia, estava sendo uma espécie de aula inaugural da **Escola do Neomanagement**, a escola que iria além dos aspectos tangíveis do passado e privilegiaria também o intangível, uma das marcas da nova era que estamos vivendo.

O diferencial da cultura organizacional

A discussão sobre a nova cultura organizacional foi acalorada e produziu alguns consensos.

A cultura predominante na maioria de nossas empresas constitui a parte mais difícil da equação da neoempresa. Crenças e pensamentos como "Você é pago para fazer e não para pensar", "Manda quem pode, obedece quem tem juízo" e "O olho do dono é o que engorda o gado" refletem modelos mentais do passado e são incompatíveis com a execução de estratégias vencedoras. Em quase todas as empresas, ainda predomina a "cultura do medo" — medo de sair da zona de conforto, medo de inovar e não dar certo, medo de decepcionar, medo de ser punido.

Ficou claro para todos, após uma intensa troca de experiências, que a maioria dos casos de fracasso não reside apenas na falta de mercado, tecnologia ou capital. Nem na ausência de estratégias inteligentes, pessoas talentosas e parceiros competentes. Não raro, o fracasso decorre da falta de atitudes e posturas adequadas às novas circunstâncias no cenário da montanha-russa que simboliza o ambiente empresarial contemporâneo.

Essa posição é fortalecida por Jim Collins, cujo trabalho mais recente destaca que as grandes responsáveis pelo declínio das organizações são elas próprias. "Algumas empresas caem ou sobem e isso não é uma questão de circunstâncias, é uma questão de escolha consciente e disciplina",[4] afirma o autor de *Como as gigantes caem*. Collins detectou cinco estágios do declínio, aos quais é preciso ficar atento:

- Estágio 1: O excesso de confiança proveniente do sucesso.
- Estágio 2: A busca indisciplinada por mais.
- Estágio 3: A negação dos riscos e perigos.
- Estágio 4: A luta desesperada pela salvação.
- Estágio 5: A entrega à irrelevância ou à morte.

224 | CÉSAR SOUZA

Compartilhei, então, minha interpretação do trabalho desse importante pensador contemporâneo:

— Podemos localizar nesses estágios do declínio o germe das atitudes inadequadas e da cultura organizacional improdutiva. A queda das empresas com frequência decorre da insistência em conservar um modelo de gestão ultrapassado. Quando chegam ao sucesso, muitas mantêm o formato que lhes deu bons resultados e se acomodam, ou seja, não buscam inovar ou trazer algo diferente que se agregue à empresa. Isso é o que podemos chamar de "arrogância do sucesso" — fulminei.

Contei aos meus colegas a história do Barão de Mauá, o primeiro grande empreendedor brasileiro. Pioneiro da industrialização no país, iniciou a indústria naval, construiu a primeira ferrovia e foi o responsável pela instalação dos primeiros cabos telegráficos submarinos ligando o Brasil à Europa. Fundou o Banco do Brasil, mas se afundou em dívidas e foi obrigado a vender cada uma de suas empresas. Algumas das razões do seu declínio estariam no estágio 2 (a busca indisciplinada por mais) e no estágio 3 (a negação dos riscos e perigos) apontados por Collins.

— Chegou a hora de as empresas perceberem que criar uma cultura competitiva é tão importante quanto conceber estratégias inteligentes — bradou o nosso DRH. — **A cultura é um ativo que não aparece nos balanços das empresas.** Ou pode ser um passivo, uma fonte de conflitos, em vez de uma fonte de sinergias, como atesta o enorme número de empresas envolvidas em escândalos de corrupção que as destruíram, decorrentes de atos indevidos de alguns de seus membros.

— Concordo plenamente — afirmou a gerente financeira. — E de uma coisa podemos ter certeza: no futuro, a instalação de uma cultura empresarial diferenciada será um componente fundamental de qualquer estratégia vencedora. Terá tanto peso para o sucesso do negócio quanto a estratégia em si.

Todos pareciam concordar que é fundamental cultivar um conjunto de valores, como liberdade, integridade, felicidade, diversidade, sinergia, respeito e compromisso. Ficou também claro que a mudança de uma cultura organizacional não é um processo fácil nem confortável. A implantação de uma nova cultura começa com a escolha acertada das pessoas e envolve as atitudes e os exemplos que a liderança se dispõe a dar como mobilizadora dessa nova cultura — como se comunicar, educar, mobilizar e apaixonar os membros das equipes por um propósito e por um sistema de valores.

Pedi para acrescentar algo que considero vital para o sucesso das neoempresas, proposto também por Jim Collins, em coautoria com Jerry Porras, no livro *Feitas para durar*, de 1997: devemos ter a "sabedoria do e" em vez de nos submetermos à "ditadura do ou". Quer dizer, nem sempre precisamos escolher uma coisa em detrimento da outra, mas buscar a convergência.[5]

226 | CÉSAR SOUZA

Paixão: o diferencial decisivo na cultura

Foi a vez de a jovem gerente financeira intervir:

— O maior diferencial na cultura das neoempresas será cada vez mais o grau de apaixonamento, muito mais que o de comprometimento ou envolvimento, dos seus colaboradores, clientes, distribuidores, parceiros e demais componentes do negócio.

Ela se referia à paixão dos colaboradores pela marca, pelos clientes, pela equipe e pelo trabalho, à paixão pelos valores que a empresa representa e pela sua possibilidade de superar os obstáculos, pelo futuro que a empresa deseja inventar para si e para aqueles com quem convive. E, finalmente, a paixão dos clientes, parceiros, fornecedores, investidores e formadores de opinião pela empresa.

— Uma empresa com a cultura de apaixonamento aumenta receitas, diminui custos, mitiga riscos e acelera retorno nos investimentos — ela insinuou, com um tom simpático.

— Para cultivar esse ambiente de apaixonamento — completei, dando sequência ao raciocínio —, as neoempresas precisam incentivar um conjunto de atitudes, mesmo que de certa forma elas já façam parte do seu repertório.

Antes que pudéssemos listar as atitudes, o presidente fez uma ressalva. Disse que a grande questão posta para a neoempresa é como traduzir esses valores em atitudes no dia a dia. Ou seja, como praticar os valores

PASSAPORTE PARA O FUTURO | 227

que muitas vezes são aceitos, mas esgarçam-se com o tempo e acabam se diluindo nas pressões do cotidiano. Como dar vida à cultura desejada?

Então, um dos gurus, não me recordo exatamente qual deles, levantou uma questão que nos deixou um pouco embaraçados:

— Por falar em atitudes no dia a dia, gostaria de saber o que vocês fazem ao contrário do que deveriam fazer.

— Como assim, fazer o contrário do que deveríamos? — perguntou o presidente, em tom pouco amistoso.

A jovem gerente financeira foi logo respondendo:

— Por exemplo, os feedbacks negativos são dados em público, na frente de todos, enquanto o feedback positivo, isto é, os elogios, damos privadamente. Isso é fazer o contrário do que seria o correto.

Continuamos nos perguntando que outras coisas fazemos ao contrário do que deveríamos fazer e chegamos a uma relação de atitudes opostas às que seriam adequadas:

- Dedicamos pouco tempo para definir objetivos mais permanentes e gastamos muito mais tempo discutindo detalhes de metas temporárias.
- Investimos pouco tempo na hora de recrutar uma pessoa nova e despendemos muito mais tempo na hora de uma demissão, sempre postergando a decisão.

228 | CÉSAR SOUZA

- Gastamos muito mais tempo com clientes problemáticos do que com os bons clientes.
- Damos desconto a clientes ruins e às vezes até aumentamos os preços para clientes bons.
- Recrutamos as pessoas pela competência técnica e só depois as avaliamos pelas atitudes.
- Investimos pouco tempo para entrar em um negócio e muito tempo para sair dele.

Após essa breve troca de ideias, resolvemos fazer uma pequena pausa para um almoço frugal — caftas (*köfte*), espécie de almôndegas com trigo e carne de carneiro, acompanhadas de salada verde e chá gelado.

Prosseguimos nosso trabalho utilizando uma pequena dinâmica. Cada participante do encontro apresentaria uma atitude que considerasse importante para o sucesso da neoempresa. Os sete sábios deveriam apontar aquelas que as empresas precisam passar a praticar e das quais não podem abrir mão para criar o clima e o ambiente produtivo. Os cinco dirigentes da empresa indicariam as atitudes que deveriam ser eliminadas ou desenfatizadas, e não toleradas, no dia a dia da empresa.

Depois de várias listas e argumentações, elencamos algumas atitudes fundamentais para se obter um ambiente produtivo na neoempresa que o momento exige e que precisamos construir:[6]

Empreendedorismo como estado de espírito. Empreender é a arte de trilhar caminhos ainda não percorridos. Para isso, não existe a obrigatoriedade de abrir uma empresa. Um médico pode ser um empreendedor, assim como uma dona de casa, um professor, um pintor e um estudante. Nas empresas, líderes de áreas funcionais como contabilidade, logística, administração e serviços gerais também devem ter o espírito empreendedor na hora de atender a outros setores da empresa que constituem o que se convencionou chamar de "clientes internos".

Atitude de servir. A empresa deve se esmerar em atender a todos os seus clientes, quer sejam os consumidores, quer sejam os distribuidores dos seus produtos. A empresa respira o prazer em servir clientes quando seus líderes se colocam a serviço das suas equipes, visando sempre contribuir para o desenvolvimento dos seus membros.

Proatividade. Às vezes o maior inimigo do sucesso é o sucesso. Infelizmente, isso acontece porque tende a gerar acomodação tanto nas pessoas quanto nas empresas, em especial nas que lideram o mercado e estão acostumadas a ganhar. O antídoto para a "doença do sucesso" é criar uma cultura de não acomodação, iniciativa, proatividade e insatisfação contínua com os patamares atingidos.

Caráter. A postura de privilegiar os valores é particularmente útil nos momentos iniciais de engajamento de uma pessoa na neoempresa. Quanto aos recrutados, vale a pena seguir uma regra de ouro: preferir líderes

230 | CÉSAR SOUZA

que inspiram pelo caráter e pelos valores àqueles que se notabilizam apenas pelo que sabem fazer.

Não adianta contratar técnicos excepcionais, estudantes graduados com louvor, gente com muita cancha no negócio, se essa pessoa jogar no time do "eu sozinho" e não souber trabalhar em equipe, se tiver dificuldades em se relacionar e não se comunicar bem, se for pessimista, ou pior, se cometer deslizes, como distorcer dados ou fazer fofoca no ambiente de trabalho.

Assim, a velha máxima que faz referência à "pessoa certa no lugar certo" continua válida na tarefa inicial em uma organização: a de montar sua equipe. Mas é preciso considerar também o "momento certo".

Foco e determinação. Saber definir claramente as prioridades e hierarquizar as ações, ou seja, ter foco. Não significa fazer uma coisa de cada vez, pois no mundo atual essa não é uma atitude vencedora. A realidade requer pessoas multifocadas. Porém, como o mundo está cada vez mais fragmentado e oferece múltiplos estímulos, corremos o risco de dispersar nossos objetivos e de empreender esforços na direção errada. Para surpreender pelos resultados é necessário ter muita disciplina, concentração e determinação. Significa não jogar a toalha nunca. Pessoas perseverantes superam os obstáculos, por mais intransponíveis que pareçam. Os verdadeiros líderes são resilientes, mesmo tendo de lutar contra seus medos para transpor momentos difíceis, inesperados e indesejados.

Humildade. A falta de humildade é o grande calcanhar de Aquiles dos líderes. Alguns mal iniciam sua escalada de sucesso e já começam a ficar arrogantes. Por falta de maturidade ou de preparo, perdem-se no caminho. A humildade não é uma atitude apenas altruísta, ela se reflete em uma série de hábitos diários, como capacidade de ouvir, respeito pelo outro, solidariedade, generosidade, compaixão, disposição para novas oportunidades, defesa do "nós" em detrimento do "eu" e autocrítica em relação aos erros cometidos.

Enumeramos, também, um rol de atitudes a se **desenfatizar** ou, de preferência, **eliminar**, pois elas jogam contra a cultura de apaixonamento necessária. Os cinco principais "ismos" são:

Individualismo. Esse é um dos grandes venenos da vida organizacional, familiar e social que impedem a integração entre pessoas e entre áreas, prejudicando a sinergia de levar soluções integradas para os clientes, ou criando um clima que afasta os mais talentosos que não gostam de viver em desarmonia.

Imediatismo. A visão de curto prazo sempre prejudica o posicionamento dos que precisam garantir resultados no presente, mas construir, ao mesmo tempo, o futuro. É preciso muito cuidado para não destruir o amanhã pela precipitação imediatista.

Negativismo. Muitos só veem dificuldades e, antes mesmo de avaliar a situação, um projeto ou uma ideia nova, já demonstram rejeição, calcados no popular "Isso não vai dar certo". O negativismo é um passaporte para a acomodação, que pode ser suicida nesses tempos de alta volatilidade do mercado.

Comodismo. Com frequência, o sucesso leva à acomodação. Os líderes de sucesso têm tolerância zero ao comodismo, por isso estão sempre reinventando suas estratégias, negócios e formas de atuação.

Paternalismo. Na contramão da meritocracia, a atitude paternalista ainda predominante em certas regiões e em certos setores da economia é um ranço de uma cultura retrógrada e incompatível com as novas circunstâncias da vida corporativa.

Várias outras atitudes poderiam ser listadas: a busca por culpados, a incoerência entre o que se diz e o que se faz, preconceitos de vários tipos, falta de celebração e reconhecimento. Mas as cinco primeiras foram as que nos pareceram exercer o maior impacto, daí merecerem o topo do ranking das atitudes a serem eliminadas.

— É necessário que todos compreendam a cultura da empresa como determinante da capacidade de superar os desafios e entendam que às vezes ela tem de ser mudada, da mesma forma que para modificar o comportamento de uma pessoa às vezes é preciso mudar uma crença — arriscou o nosso presidente, à guisa de conclusão.

Estávamos encerrando nosso "encontro", felizes por termos conseguido esboçar os contornos que uma em-

PASSAPORTE PARA O FUTURO | 233

presa precisa ter para sobreviver em um mundo em transe, **o trem-bala trafegando na montanha-russa.**

Todos pareciam entusiasmados com o resultado do encontro, acredito que tanto pela oportunidade de contribuir para a construção de um novo paradigma quanto pela chance de avaliar circunstâncias completamente diferentes daquelas que nortearam o trabalho dos fundadores da ciência da administração.

Seria essa "reunião" uma semente para lançar os direcionadores do "passaporte para o futuro" da nossa empresa? Estaríamos já especulando sobre os princípios da era do neomanagement? Estaríamos contribuindo para uma noção mais clara das características da neoempresa?

Breve intervalo:

Ajustes nos bastidores da empresa

Voltamos na van para Malatya e paramos no bar do hotel para uma merecida cerveja. Quando seguíamos para o hall do elevador, eu e o DRH ainda falávamos sobre nossas impressões do "encontro", contagiados pela animação reinante. Lá chegando, encontramos o diretor de logística, que nos recebeu com o seguinte comentário:

— Já vi esse filme outras vezes. Ideias que, embora bem-intencionadas, não resistem ao dia a dia das empresas.

A expressão facial do DRH se fechou na hora. Despediu-se e, sem dizer mais nada, dirigiu-se para o seu aposento. Eu fiz o mesmo. Estava exausto demais para argumentar com o meu colega.

Mal entrei no quarto, o telefone tocou. Era a gerente financeira convidando-me para uma conversa urgente. Combinamos de nos encontrar em meia hora num pequeno restaurante vizinho ao hotel.

Quando cheguei, o DRH e a gerente financeira já estavam lá. Dava para perceber a agitação no olhar de ambos.

Sem fazer rodeios, o DRH explicou o motivo daquele encontro reservado:

— Depois de todas as atitudes que listamos hoje, não faz mais sentido continuarmos com esse diretor de logística.

— Ele está totalmente desalinhado. Nada tem a ver com a empresa que queremos construir — completou a gerente financeira.

— Aquele comentário sobre espremer fornecedores foi a gota d'água — acrescentou o DRH. — Vou aconselhar nosso chefe a demiti-lo — declarou o meu colega. E, voltando-se na minha direção, arrematou: — Gostaria de contar com seu apoio.

Pedi aos dois que não se precipitassem, que me dessem a oportunidade de conversar com o diretor de logística.

— Acho que sei o que está acontecendo. O problema são as crenças equivocadas que ele tem e não consegue abandonar. Mas creio que é possível fazê-lo perceber como suas atitudes estão presas a um modelo ultrapassado e trazê-lo para a nova realidade.

E, antes que o DRH e a gerente financeira esboçassem qualquer reação contrária, insisti:

— Por favor, deixem-me falar com ele.

Meio a contragosto, os dois acabaram cedendo.

Diante da gravidade do quadro, achei que não valia a pena esperar o jantar. Voltei para o hotel, liguei para o diretor de logística e o chamei para uma conversa no bar, "olho no olho", enfatizei.

PASSAPORTE PARA O FUTURO | 237

Assim que chegou, ele tentou fazer uma piadinha para quebrar o gelo, mas eu mantive a expressão que a situação requeria. Então ele percebeu que a conversa era séria.

Expliquei como suas afirmações recentes haviam caído mal: "o lucro justifica os meios", "é preciso espremer os fornecedores" e o comentário feito havia pouco no elevador: "Ideias bem-intencionadas não resistem ao dia a dia da empresa."

— Você não percebe como suas crenças estão equivocadas? — questionei. — Pois é sobre isso que eu quero conversar. Se não mudar sua forma de pensar, vai ser difícil continuar convivendo com você.

O diretor de logística me olhou, atônito, mas não disse palavra.

Apenas tomou um gole do seu uísque.

— Você ouviu o que nossos convidados ilustres nos ensinaram? — continuei minha exposição. — Esses seus comportamentos e pensamentos são fruto da crença de que o ser humano é previsível, controlável, egoísta, movido a incentivos monetários, o que se pensava no início do século XX. Como alguém esclarecido como você pode ser um defensor e porta-voz da filosofia do *homo economicus* em pleno século XXI? As reflexões que fizemos aqui na Turquia nos mostraram que não há mais espaço para essa velha maneira de pensar. Portanto, meu caro, ou você revê seus conceitos, numa boa, de forma sincera, por estar convicto de que são crenças ultrapassadas, ou é melhor você procurar uma empresa cujos dirigentes tenham o mesmo modo de pensar e de agir que você.

— Tudo bem, eu já entendi — disse, contrariado. — Do jeito que você fala, parece fácil, mas não é — murmurou baixinho.

— Seu entendimento sobre o mundo dos negócios e sobre o funcionamento de uma empresa e o universo empresarial é formado por uma série de equívocos — sentenciei.

Muxoxo.

Aí, resolvi jogar a carta que tinha na manga.

— Uma vez você me contou que seu pai faleceu em decorrência de um AVC, lembra? Você disse que os médicos nem ousaram medir a pressão dentro do crânio dele para ver que providências poderiam tomar porque esse era um método bastante invasivo que exigia uma perfuração na cabeça e poderia levar a outras complicações.

— Verdade — respondeu ele. — Um dos momentos mais tristes da minha vida.

Então expliquei a ele que acabara de ser desenvolvido no Brasil, por médicos paulistas, um sensor que mede a pressão dentro do crânio, que poderia ter salvado a vida do pai dele, caso já existisse na época.[1] Mas esse sensor não foi desenvolvido antes devido à convicção inabalável, estabelecida desde 1783, conhecida como a doutrina Monro-Kellie, segundo a qual o crânio seria uma caixa rígida.

Só agora, graças a um questionamento dessa crença, pesquisadores resolveram testar a hipótese de que o crânio sofre uma transformação linear quando sua pressão interna aumenta.

Os experimentos mostraram que o consenso de mais de dois séculos estava errado. Agora, sensores baseados em princípios semelhantes aos utilizados para aferir deformações em estruturas rígidas na construção civil (mas devidamente adaptados) podem medir a pressão interna no crânio das pessoas com AVC e traumatismo craniano, evitando o método invasivo de perfurá-lo para inserir sensores na superfície ou dentro do cérebro.

— Os novos sensores, feitos de pequenas placas de polietileno com um fio condutor de eletricidade, são fixados sobre a pele ou sobre o cabelo sem a necessidade de qualquer incisão. Agora vidas podem ser salvas graças à mudança de uma crença arraigada que parecia inabalável.

— Chega! — pediu ele, sem esconder a emoção que tomara conta de si. — Mudar as crenças é duro, dói, por causa da educação que recebemos. Vamos incorporando certos valores, vira hábito, até que acontece o que se passou aqui: somos obrigados a tomar consciência deles. Ou você acha que eu não estou percebendo esse desalinhamento? — deu um suspiro e acrescentou, pausadamente: — Sei que eu preciso rever essa forma de pensar. Resta saber como...

240 | CÉSAR SOUZA

Não respondi. Ouvia ao longe o som de um piano no bar. Enquanto isso, o diretor de logística parecia organizar seus pensamentos.

Após alguns segundos que pareceram intermináveis, ele tomou a palavra:

— Agradeço por ter me alertado, mas preciso de tempo para pensar.

Concordei e me despedi. Fui até o restaurante do hotel e pedi o jantar: salada, iogurte, fruta e legumes (tomate, pimentão e a onipresente berinjela) recheados e cozidos no azeite. Para acompanhar, escolhi um vinho tinto da Capadócia, da vinícola Doluca.

Estava pensando em pedir uma sobremesa quando recebi uma mensagem do diretor de logística avisando que queria falar com todo o grupo da empresa ainda naquela noite. Informou que nos encontraria numa sala de estar vizinha ao lobby do hotel. Desisti do doce. Apenas saboreei um gole a mais do vinho.

Fui o primeiro a chegar. Depois foi a vez do DRH. Terminado o jantar no restaurante ao lado do hotel, ele retornou aos aposentos, tentou dormir, mas não conseguiu pregar o olho. A gerente financeira chegou logo em seguida, com uma expressão visivelmente sonolenta. Na sequência veio o presidente. O último a entrar foi o diretor de logística.

— Lamento convidá-los para uma conversa a essa hora, mas o assunto não podia esperar o dia de amanhã — justificou-se. — Sei que estou na marca do pênalti. Gostaria apenas de informá-los de que eu quero muito permanecer na empresa e pretendo me esforçar para mudar o que precisa ser mudado e trabalhar nesse sentido.

O silêncio na sala só não era total por causa do ruído das nossas respirações.

— Meu colega do comercial foi bastante didático, ajudando-me a entender como o meu comportamento não estava alinhado com o que se espera da diretoria na nova etapa da empresa e me estimulando a fazer uma análise mais profunda das minhas crenças. Percebi que preciso mudar certas atitudes e vou fazer isso. Pretendo lutar para continuar a ser um membro desse time.

Surpresos, todos, de certa forma, concordaram em dar um voto de confiança ao diretor de logística.

— Agora, é melhor descansar — sugeriu o presidente. — Tivemos um dia pesado!

Na saída, contudo, ele me segurou pelo braço e disse, reservadamente:

— Seu esforço foi extraordinário! Você salvou um caso que eu julgava perdido. Mostrou o grande líder que você é. Estou pensando em promovê-lo, torná-lo um dos vice-presidentes da empresa. — E depois, com certa ironia, insinuou: — Mas só farei isso quando você cumprir o compromisso de identificar e aprovar na diretoria o nome do seu sucessor.

TERCEIRO ATO

O renascimento do líder

13. Solte suas amarras: liberte-se dos mitos sobre liderança

A impressionante coleção de mosaicos do Centro Arqueológico de Gaziantiep inspirou-me para uma reflexão sobre o exercício da liderança. Vizinho ao museu há um estádio, cercado por várias barracas que vendiam camisetas dos times de futebol locais. Ao observar uma delas com o número oito estampado, lembrei-me de um dos maiores jogadores que vestiram a camisa oito pela seleção brasileira: Didi, apelidado de o "Príncipe Etíope" por Nelson Rodrigues.

A partida final da Copa do Mundo na Suécia, no dia 29 de junho de 1958, foi disputada pelo Brasil, franco favorito, e pela Suécia, os donos da casa. Aos quatro minutos do primeiro tempo, a Suécia, para surpresa de muitos, fez o primeiro gol. Os supersticiosos o atribuíram ao fato de o Brasil ter entrado em campo com uma camisa azul e não com a conhecida amarela. É que a Suécia também tinha essa cor no seu uniforme oficial e, na qualidade de anfitriã da Copa, tinha a preferência sobre o uso da camisa.

246 | CÉSAR SOUZA

Esse gol deixou os brasileiros apreensivos. Temia-se um repeteco do que acontecera no Maracanã, oito anos antes, quando o Brasil, apesar do amplo favoritismo, no momento mais fatídico da história do seu futebol, perdeu o jogo e a Copa para o Uruguai.

Primeiro mito: líder é quem ocupa cargo

De forma inesperada, aconteceu uma grande lição sobre liderança: Didi foi até o fundo da rede, pegou a bola, colocou-a debaixo do braço e foi andando até o centro do campo. Começou a conversar com seus colegas de seleção. Zagalo, ponta-esquerda do time, pedia pressa; Didi pedia calma, mostrava firmeza.

"Eu vi aquilo e corri para pegar a bola. O Botafogo havia metido 4×1 ou 4×2, três ou quatro meses antes, no time da Suécia. Eu queria usar aqueles segundos para lembrar a Garrincha, Nilton Santos e Zagallo que já havíamos passado por aqueles gringos", contou Didi, anos depois.[1]

Seus passos firmes em direção ao centro do campo mudaram a história daquela partida e a do futebol mundial. Pedindo aos jogadores que dessem o melhor de si, Didi conseguiu mobilizar todos em torno do propósito daquela equipe. Fez o que um verdadeiro líder precisa fazer. O resultado pôde ser conferido no placar. O Brasil virou o jogo e venceu por 5×2.[2]

Didi não marcou nenhum gol, mas foi o herói da partida. Ele não era o presidente da Confederação Bra-

PASSAPORTE PARA O FUTURO | 247

sileira de Desportos (CBD), que, até a fundação da CBF, a Confederação Brasileira de Futebol, em 1979, era a encarregada de gerir os campeonatos. Também não era o "diretor", cargo ocupado por seu técnico, Vicente Feola, nem o "gerente", função exercida por seu "capitão", o zagueiro Bellini. Didi não precisou do cargo para exercer a liderança naquele momento de decisão. E, assim, em 1958, ele ilustrou a demolição do "primeiro mito da liderança".[3]

Mas não é apenas do mito de que é preciso ter um cargo para exercer a liderança que precisamos nos libertar. Há pelo menos outros quatro mitos nos aprisionando. Essas ideias ficam perambulando por aí na cabeça das pessoas e frequentando mesas de jantar, sofás de visita, salas de reuniões, gabinetes de executivos, leitos e travesseiros confidentes.

Pensava nelas enquanto observava o enorme mosaico do Centro Arqueológico de Gaziantep que retrata a lenda de Pasífae e do labirinto construído por Dédalo para confinar o Minotauro, a criatura mitológica com corpo de homem e cabeça de touro.

Várias vezes me defrontei com a dúvida sobre a liderança ser de fato inata ou poder ser aprendida; se, para ser eficaz, o líder precisa obrigatoriamente ser carismático; se deve ser julgado pela quantidade de seguidores que possui; e sobre qual seria o estilo ideal de liderança.

Essas questões não me assombram mais. Para pilotar um "trem-bala em uma montanha-russa", a metáfora que está inspirando a nossa visão da empresa que precisamos construir, necessitamos mudar a forma de pensar e de exercer a liderança.

Temos a oportunidade de demolir esses mitos bastante enraizados e difundidos pelo senso comum, que não corresponde necessariamente ao bom senso. E assim, como o herói ateniense Teseu, poderemos derrotar o Minotauro.

Segundo mito: a liderança é inata

A crença de que a liderança vem do berço precisa ser vigorosamente combatida. Não há evidência de que seja verdadeira. No início da minha carreira, eu acreditava nisso, mas as experiências que fui colecionando ao longo da vida profissional me fizeram ver o quanto essa convicção é infundada. Ninguém nasce líder. Uma pessoa pode aprender a ser líder.

Infelizmente, a crença de que a liderança é inata conduz a inúmeros erros na hora de selecionar candidatos, promover profissionais, escolher parceiros, educar filhos, relacionar-se com alunos.

Já ouvi de muitos empresários e executivos a afirmação categórica: "Fulano nasceu para ser líder!" A pessoa é contratada e promovida rapidamente a posições de liderança. Só mais tarde descobrem que aquele "DNA de líder" não existia, era uma mera ilusão de percepção, ou melhor, de concepção.

Também é comum a situação inversa: empresários, líderes políticos, professores e pais que tiram conclusões e com desdém vaticinam: "Beltrano não nasceu para líder!" Essa crença se tornou um modo "eficiente" de castrar o potencial de uma pessoa, diminuindo sua autoestima e fechando as portas para ela exercer sua parcela de influência e liderar situações em que poderia ser útil. Cria, assim, enorme prejuízo no capital intelectual de uma família, de uma empresa e na sociedade.

Mais tarde esses "falsos profetas" se surpreendem quando pessoas que tiveram seu atributo de liderança negado por eles começam a brilhar como líderes em outras circunstâncias, em outras organizações ou empreendendo seu próprio negócio, empunhando uma bandeira social ou simplesmente se destacando por um feito notável.

O que mais me espanta é a frequência com que isso ocorre entre líderes estabelecidos, alguns deles esclarecidos e eruditos. Sabem apreciar uma obra de arte e distinguir de olhos fechados certas marcas e até as safras dos melhores vinhos, mas nem sempre conseguem reconhecer o potencial de pessoas da sua convivência.

Não é menos decepcionante perceber como muitos jovens, estudantes, filhos de empresários, candidatos a empregos, *trainees* e até mesmo executivos acabam se deixando dominar por esse mito e se acomodam, refugiando-se em atividades que exijam o mínimo de interação com outras pessoas.

250 | CÉSAR SOUZA

A dura realidade nos ensina que nem sempre "filho de peixe peixinho é". Vemos, sim, o contrário, ou seja, filhos de líderes poderosos que se transformam em herdeiros medíocres e, salvo raras exceções, em líderes desastrosos.

Lembrei-me de vários exemplos do mundo real. Fechei os olhos por alguns segundos, pensei nos filhos de poderosos líderes políticos, empresários e celebridades e tentei enumerar quantos deles têm sido exemplos de competência. O saldo foi bastante pobre. Eles são mais exceções que a regra.

Felizmente, para a humanidade, o "DNA de líder" não existe. Nenhuma das características que tornam um líder eficaz pode ser transmitida geneticamente. Ainda bem que não é possível clonar líderes feitos à imagem e semelhança de antecedentes nem de outros líderes que possam servir como "modelo". Cheguei a sentir um calafrio ao cogitar a possibilidade de o DNA de certos líderes que causam maléficos transtornos para a humanidade ser injetado em cobaias humanas.

Terceiro mito: carisma é fundamental

Liderança não é sinônimo de carisma, nem de falar bem, muito menos de extroversão e simpatia. São crenças improcedentes.

Se uma pessoa tem carisma, ótimo, isso facilita o exercício da liderança. Mas, se não tem, não está impedida de liderar. O carisma pode até alavancar o líder, mas não substitui outras forças necessárias. O líder eficaz precisa ter conteúdo. Afinal de contas, "saco vazio não para em pé por muito tempo". Pois é, um líder vazio, só cheio de carisma, tem um prazo de validade limitado.

Lembrei-me dos inúmeros líderes competentes, nos quatro continentes, cujo grau de carisma não é muito elevado. Mas isso não os impediu de exercer a liderança de forma eficaz.

Até pessoas tímidas podem ser líderes eficazes quando sabem construir com suas equipes o rumo a seguir, têm coragem para tomar decisões difíceis e cercam-se de profissionais que os complementam, inclusive para compensar seu baixo nível de carisma quando as circunstâncias exigem.

Ah, quanta gente perde a chance de exercer liderança porque se julga tímida e pouco carismática... Precisamos fugir dessa armadilha mental!

Quarto mito: existe um estilo ideal de liderança

Outro engano criado por simplificadores e reducionistas da realidade. Muitas empresas e pessoas se baseiam em um esquema de pensamento que reduz a ação do líder a duas dimensões: foco nas pessoas e foco nas tarefas, como se o mundo empresarial e da liderança fosse apenas bidimensional.

Em nome de simplificações como essas, muitos treinamentos gerenciais cometiam a violência de querer transformar as pessoas naquilo que não são.

A busca do estilo ideal de liderança leva à recorrente discussão sobre o que é melhor: se líderes participativos ou líderes centralizadores, com o viés tendencioso de sempre apontar os participativos como melhores e mais eficazes.

Sinto muito por também contrariar essa pretensa tese. Conheço muitos líderes participativos que são um fiasco e alguns líderes centralizadores que, dependendo da situação, conseguem ter sucesso em missões específicas e durante um certo período de tempo.

Toda essa rodada de conversas com os gurus me mostrou que não existe o estilo ideal de líder, pois isso varia em função das circunstâncias. Continuo achando que uma das melhores contribuições ao pensamento sobre a liderança é o antigo e ao mesmo tempo moderno conceito de liderança situacional, inicialmente formulado pelo cientista do comportamento Paul Hersey, há cerca de quatro décadas.

Outra expressão adequada aos novos tempos seria liderança compartilhada, para se referir aos líderes que dividem com sua equipe a responsabilidade pela formatação da estratégia, a execução e o resultado dos empreendimentos e ainda encorajam os membros do time a assumir a liderança em momentos específicos, permitindo a fluidez do exercício da liderança.

Não vou mais perder meu tempo em busca do estilo ideal em modelos teóricos ou exemplos externos. O perfil ideal de líder reside na capacidade de robustecer suas melhores qualidades e saber lidar bem com as diferentes circunstâncias. **O estilo ideal está potencialmente dentro de cada líder!**

Quinto mito: o líder eficaz forma seguidores

Os filmes de Hollywood e boa parte da literatura cravaram na nossa memória uma imagem, intensificada a partir da Segunda Guerra Mundial, sobre o que significa liderar: uma pessoa andando na frente com uma legião de seguidores atrás, ou alguém discursando diante de uma entusiasmada plateia.

Esses heróis se tornaram o símbolo do modelo mental da era do comando, o paradigma de liderança e gestão desde a década de 1950. Pois bem, após essa jornada chego à conclusão de que o verdadeiro líder não é necessariamente quem tem gente atrás de si, mas quem tem gente em torno de si. Esse é o "líder inspirador e transformador", aquele que constrói o futuro com sua equipe, em vez de simplesmente comandá-la.

Ufa! Ao concluir essas reflexões, senti-me como Teseu. Por alguns momentos, tive a convicção de estar decifrando o labirinto da liderança. Uma parte do labirinto, a que faz as pessoas se perderem, eu já havia vencido: encontrar as respostas que buscava ao decifrar os mitos que me aprisionavam e me libertar deles. O mais curioso é que isso aconteceu perto do local que inspirou a criação da mitologia grega. Parecia ironia do destino que minha compreensão sobre esses mitos da liderança tivesse ocorrido justamente ali.[4]

254 | CÉSAR SOUZA

Precisava, agora, encontrar a porta de saída. Diz a lenda que Teseu achou o caminho de volta graças a um novelo de lã cuja ponta deixou atada à porta do labirinto. Na hora de sair, bastou seguir o fio que desenrolara. Que espécie de fio eu preciso achar?

14. As cinco forças do líder que o momento exige

Na manhã seguinte, cumpri a minha rotina diária de caminhada, percorrendo mais ou menos 5 quilômetros e, após uma pequena pausa para exercícios de alongamento, iniciei o percurso de volta ao hotel, que fica um pouco afastado do centro da cidade de Malatya.

Dessa vez não havia o risco de me perder como na ocasião em que tive dificuldade de ler as placas indicativas do nome das ruas. Agora estava mais afeito. E, por via das dúvidas, trazia o celular no bolso. Percorri um novo tipo de "labirinto" construído no meio de diversas plantações de damasco. O aroma das frutas nessa época do ano era bastante agradável.

Fiquei imaginando como se sentia Ulisses, um dos maiores heróis gregos, durante a sua célebre odisseia, a viagem de volta para Ítaca, sua cidade natal, e para Penélope, sua esposa. Um dos trunfos que ele utilizou para vencer a guerra e retornar foi a construção do cavalo de Troia, do qual foi um dos idealizadores.

— Que artefato eu precisaria construir para "vencer a guerra" contra o modelo atual da liderança? As "con-

256 | CÉSAR SOUZA

versas" com os gurus tinham mostrado que os velhos atributos do que antes se considerava um líder eficaz foram concebidos para uma realidade que não existe mais, portanto estavam com os dias contados. Sabia bem disso. Mas qual o modelo a ser construído para viabilizar e inspirar a formação do novo tipo de líder que o momento exige?

Por toda parte percebemos a escassez de líderes, em qualidade e quantidade, não só no mundo político. Essa escassez corrói as empresas, as escolas, as famílias e as comunidades. Enquanto isso, proliferam-se em posição de liderança indivíduos cujos valores são no mínimo questionáveis. Somos diariamente surpreendidos com as peripécias de líderes oportunistas em vários países.

As constantes turbulências e conflitos que têm abalado o mundo, causando ondas de desemprego, migração, refugiados e afetando a vida de milhões de pessoas, não se originam apenas de uma situação de falta de crédito ou de recursos naturais, mas também de carência de líderes responsáveis. Presenciamos sempre uma crise de valores na qual interesses pessoais de curto prazo puseram em risco a sustentabilidade do sistema e levaram ao caos antigos ícones do mundo moderno, fazendo ruir as bases de economias antes tidas como sólidas. A crise tem sido, de forma recorrente, de liderança!

Assistimos ao triste espetáculo de empresas sólidas se desmancharem quando o fundador desaparece. Fal-

PASSAPORTE PARA O FUTURO | 257

tam sucessores preparados. Na maioria ainda predominam os chefes aos líderes. Ficamos surpresos ao tomar conhecimento de que as empresas gastam verdadeiras fortunas apenas para formar gerentes mais eficientes, mas não conseguem formar líderes eficazes. Na nossa empresa, muitos empreendimentos potencialmente vitoriosos sucumbiram diante da triste constatação: "A ideia é boa, mas infelizmente não temos quem possa liderar esse projeto!"

Três ou quatro projetos que defendi no ano passado foram barrados pelo conselho de administração com base nessa justificativa. Para complicar as coisas, eu mesmo tenho de reconhecer, como me alertou o presidente, que ainda não identifiquei um sucessor. Tenho até um substituto, de curto prazo. Se algo me acontecer, sabemos quem vai assumir meu lugar. Mas não tenho um sucessor sendo preparado para o longo prazo.

Também faltam líderes inspiradores nas escolas. Eis alguns sintomas dessa carência: professores que raramente conseguem despertar a atenção de alunos desmotivados e indisciplinados, educadores intimidados por crianças que nem sequer chegaram à adolescência, uso crescente da violência verbal e até mesmo física para resolver desavenças, jovens mais informados do que seus professores despreparados. Em muitas comunidades, as adversidades de infraestrutura básica são tão severas que o ofício de ensinar transforma-se quase em uma operação de guerra diária. Nosso modelo educacional em geral tem formado profissionais para uma realidade já ultrapassada. Nossos educadores não estão conseguindo preparar estudantes para enfrentar os desafios do futuro.

Muitas vezes, o que ocorre nas salas de aula é reflexo do que acontece em casa. Pais que não sabem mais negociar limites e reagem com incrível submissão a hábitos e desejos absurdos e irrealistas dos filhos. Infelizmente, deixaram de ser exceção os relatos de filhos agredindo os próprios pais. Ficamos chocados com as reportagens sobre adultos mantendo crianças em cativeiros e com a prática de abuso sexual na própria família. Também aumenta o número de divórcios, muitas vezes causados pela falta de compartilhamento da liderança.

Nas ruas e em eventos públicos e esportivos, assistimos estarrecidos aos atos de vandalismo e violência que assustam quem sai de casa para trabalhar ou em busca de lazer. Não raramente, a competência para influenciar pessoas e para aglutinar interesses é utilizada para prejudicar inocentes, como é o caso de algumas torcidas organizadas, cujos integrantes se cadastram formalmente, não apenas para torcer pelos seus times, mas para provocar, agredir e travar batalhas campais, como se estivessem em uma guerra.

A maioria dos profissionais queixa-se de que não consegue o tão sonhado equilíbrio entre as diversas dimensões das suas vidas — profissional, familiar, pessoal, espiritual, financeira, de saúde e cidadania. O grau de infelicidade e frustração é muito maior do que imaginamos em vários segmentos, não apenas entre executivos, mas também entre profissionais liberais — médicos, advogados, engenheiros, arquitetos, comerciantes e empreendedores de modo geral. As causas são recorrentes: dificuldades para liderar equipes, falta de comprometimento das pessoas, desavenças entre sócios, ausência de reconhecimento, problemas de comunicação, sentimento de injustiça, resultados insatisfatórios, conflito de valores, sobrecarga e mau gerenciamento das prioridades e do tempo. Todos esses sintomas foram agravados durante a pandemia de covid-19, com o forçado distanciamento social, o home office e a nova dinâmica do trabalho que causou burnout em um incontável número de pessoas.

No momento em que o mundo dá sinais de doença ao deixar transparecer essa preocupante escassez de líderes, tamanha crise de valores e uma infelicidade generalizada no trabalho, nas escolas, em casa e nas comunidades, pouco adianta ficar tentando melhorar as bases sobre as quais as regras do jogo foram concebidas. Só reinventando — e com inovações corajosas — é que poderemos encontrar soluções para o que nos aflige.

Então comecei a rabiscar mentalmente os contornos do perfil desse novo tipo de líder. Estava se delineando para mim, naquela caminhada dentro do labirinto entre as plantações de damasco nas redondezas de Malatya, uma espécie de encontro comigo mesmo. Era como

260 | CÉSAR SOUZA

se me preparasse para ressurgir como um novo líder, mais adequado para esse mundo em transe.

Se eu desejo ajudar a construir uma empresa mais saudável, uma família mais feliz, relacionamentos mais duradouros e comunidades mais solidárias, tenho de mudar minha forma de pensar sobre a liderança e de exercê-la. Preciso evoluir do modelo herdado da era industrial — baseado no binômio "comando e controle", cujos alicerces estão ruindo —, para um mais apropriado à época atual.

Estou convencido de que as empresas vencedoras nessa nova época serão as que souberem montar verdadeiras "fábricas de líderes". Fala-se muito no ESG como um tripé da sustentabilidade: os pilares ambiental, social e de governança. No meu entender, falta, contudo, um importante pilar, que considero o principal: a capacidade de desenvolver líderes em todos os níveis, não apenas no topo. A sobrevivência — ou, se preferir, a longevidade, a perpetuidade, a sustentabilidade a longo prazo das empresas — será diretamente proporcional à sua capacidade de desenvolver líderes de qualidade, além de oferecer produtos e serviços de excelência. Líderes eficazes, repito, não apenas gerentes eficientes.

Quais são, então, as competências desse novo tipo de líder que tanto precisamos desenvolver? Como podemos transformá-lo de um líder motivador para um líder inspirador e transformador, mais adequado aos novos tempos?

PASSAPORTE PARA O FUTURO | 261

Minha cabeça fervilhava enquanto caminhava. Estava ansioso para chegar e elaborar melhor esses pensamentos que me atropelavam.

Também não via a hora de voltar à fascinante Istambul.[1] Fiquei encantado com a atmosfera daquela cidade caleidoscópica: as árvores centenárias nos parques, os canteiros de tulipas nos jardins, a gentileza do seu povo.

O meu interesse pela Turquia se despertou em 2005, depois da leitura do livro *Istambul: memories and the city* (*Istambul: memória e cidade*), escrito por Orhan Pamuk, que um ano mais tarde ganharia o Prêmio Nobel de Literatura. Pretendia me sentar na praça de Sultanahmet e me posicionar no eixo que liga Santa Sofia, a impressionante basílica bizantina do século VI, à imponente Mesquita Azul, com seis minaretes e uma cúpula de fazer perder o fôlego, construída no século XVII. Mais de mil anos separam esses dois ícones. Duas culturas, dois credos, o encontro do Ocidente com o Oriente, a possibilidade de síntese que eu tanto procurava.

Foi, aliás, esse desejo de síntese que despertou meu interesse pelo meu atual emprego. O presidente me conquistou quando disse acreditar no pragmatismo norte-americano associado ao humanismo europeu como filosofia de gestão.

Fiquei fascinado pelo seu gosto pelas artes e percebi que ele apreciou muito quando, respondendo à pergunta sobre que tipo de arte eu admirava, falei de Shakespeare e de pintores, como Bosch, Giotto, Botticelli, Salvador

Dalí, Picasso, e de impressionistas como Cézanne, Renoir, Monet, além de Van Gogh, todos artistas precursores de uma nova era, cada um na sua época.

Pensei na admiração que sinto pelo meu atual líder e nas oportunidades que tive, ao longo da minha carreira, de conviver com líderes inspiradores em diversas partes do mundo. Homens e mulheres, alguns bastante jovens, diferenciados, notáveis, e aqueles que são anônimos por não ocuparem cargos nem posição social de destaque, mas que exercem a liderança de forma diferenciada.

Inspirado pela convivência com líderes de carne e osso e baseado na minha própria prática como executivo, nas missões que cumpri e no que pude aprender nos encontros com os diversos gurus ao longo desta semana, comecei a formular o perfil do novo tipo de líder que se destaca por reunir características específicas.[2]

Poderia considerá-las como as "cinco forças do líder inspirador":

Força 1: Constrói um propósito, em vez de apenas oferecer empregos, tarefas ou metas. Fornece às pessoas aquilo que mais desejam: significado para suas vidas, uma bandeira, uma razão de existência. Acredita que elas estão dispostas a dar o melhor de si e até a fazer sacrifícios, desde que se identifiquem com uma causa, um porquê para o seu cotidiano. Turbina as pessoas, maximiza o uso da energia humana por meio de causas que lhes alimentem a convicção de que podem mudar o mundo com seu trabalho e engajamento.

PASSAPORTE PARA O FUTURO | 263

Força 2: Forma outros líderes, em vez de apenas seguidores. Não se satisfaz em ter atrás de si um grupo de liderados seguindo fielmente o rumo traçado e sendo recompensados pela sua lealdade. Tem em torno de si pessoas capazes de exercer a liderança quando necessário. Cria mecanismos, atitudes e posturas que estimulam o desenvolvimento do líder que existe dentro de cada um. Forma, assim, outros líderes, seu maior legado para o futuro da organização, da sua família e comunidade.

Força 3: Constrói pontes, em vez de paredes. Atua onde faz a diferença. Não comanda apenas uma equipe de subordinados dentro dos muros de uma empresa. Exerce a liderança também "fora", para cima e para os lados: lidera clientes, parceiros, comunidades e influencia chefes, colegas e acionistas. Atua como um integrador entre equipes na empresa, construindo pontes entre pessoas, com clientes, parceiros, fornecedores e comunidades.

Força 4: Faz mais que o combinado, em vez de apenas cumprir metas. Surpreende pelos resultados incomuns que obtém de pessoas comuns. Sabe compatibilizar o hoje com o amanhã. Garante o presente enquanto constrói o futuro.

Força 5: Inspira pelos valores, em vez de se fiar apenas na hierarquia ou no carisma. Constrói um mapa de atitudes em torno de valores que são explicitados, disseminados e praticados. Cria um clima de ética, integridade, confiança, respeito, transparência, aprendizado contínuo, inovação, paixão e humildade. Educa pelo exemplo. Prima pela coerência entre o que diz e o que faz. Lidera a si mesmo antes de pretender liderar os outros. Ajuda a libertar as pessoas, criando condições para que assumam responsabilidades e exerçam seu potencial. Coloca os valores no centro das decisões e torna as questões de princípios pessoais inegociáveis.

— E daí? — perguntei a mim mesmo, em voz alta, absorvendo o modo de provocar reflexões utilizado pelos gurus. — Quais desses pontos você já pratica? Quais precisa praticar mais? — A resposta estava na ponta da língua: — Preciso evitar atuar no novo jogo da liderança usando a velha forma de pensar que nos prende ao passado. Em resumo: não podemos abrir as portas do futuro com as chaves do passado!

As sete disciplinas do líder

Um pensamento muito forte me perturbou mais uma vez: liderança não envolve apenas a gestão de pessoas, como normalmente se atribui. A liderança plena abrange a gestão de várias outras dimensões da vida empresarial.

Além das "cinco forças", o líder inspirador e transformador precisa ter maestria não apenas na gestão de pessoas, mas em diversos outros eixos de competências. Comecei a enumerar mentalmente essas "sete disciplinas do líder": (1) resultados geradores de valor;

PASSAPORTE PARA O FUTURO | 265

(2) clientes; (3) pessoas; (4) parceiros; (5) tecnologia, processos e sistemas; (6) a força das circunstâncias; e, por que não dizer, a (7) autoliderança, que seria a condução em harmonia das diferentes dimensões da sua vida.

Para isso, não basta lançar mão das ferramentas mais atualizadas se o pensamento continuar o mesmo. É preciso que o líder se empenhe mais no "como pensar", enriquecendo seus conhecimentos sobre filosofia, história e arte, evoluindo para um modelo mental mais completo, que lhe permita sair do tecnicismo mecânico sobre o exercício da liderança.

— Quero enfatizar uma coisa. Talvez seja o mais intangível de tudo — pensei em voz alta. — Nada disso funciona se o líder não for, antes de tudo, um líder de si mesmo. Quando falamos de liderança sempre pensamos em liderar os outros. Precisamos começar a pensar em liderar a nós mesmos. A ser líder da própria vida. E para isso é preciso ter uma profunda percepção de suas emoções, de seus pontos fortes e fracos, de seus impulsos, desejos e necessidades. Por isso, uma competência essencial do líder transformador é a autoliderança.

Essa competência é demonstrada pela capacidade de ser um exemplo de gestão equilibrada das diversas dimensões de sua vida — família, profissão, saúde e cidadania. Um exemplo prático? Quando o líder consegue engajar toda a sua família no projeto profissional e evita situações de conflito. Lembrei-me de colegas que receberam uma promoção que exigia a transferência para outra cidade. Algum familiar se recusava e o profissional era obrigado a declinar a oferta que poderia trazer benefícios para todos a longo prazo.

A autoliderança fica evidenciada quando o líder demonstra coerência entre o que diz e o que faz, quando transforma seu network pessoal em oportunidades de negócios para a empresa, alavancando negócios e criando oportunidades a partir de sua imagem pessoal.

— Quem possui um elevado nível de autoconhecimento — continuei falando em voz alta — sabe o efeito de seus sentimentos sobre si mesmo, sobre as outras pessoas e sobre seu desempenho. Por exemplo, um líder que reconhece sua dificuldade em lidar com prazos muito curtos planeja seu tempo cuidadosamente e delega tarefas com antecedência. Recordei bem aquele "diálogo" com Drucker, afirmando que alguns são leitores e outros, ouvintes. Agora percebia com clareza a sabedoria daquele ensinamento.

— Quem se conhece bem sabe aonde quer chegar e por quê. Assim, é capaz de recusar uma oferta de trabalho financeiramente tentadora se ela for contra seus princípios ou não se alinhar com seus objetivos de longo prazo. Por outro lado, quem não se conhece acaba tomando decisões que geram insatisfação interior por ferirem valores profundos.

E continuei afirmando para mim mesmo: quem se conhece admite seus fracassos e até relata essas situações com bom humor — uma das características de quem se conhece bem é a capacidade de rir de si mesmo. A outra é a autoconfiança, que o leva a apostar em seus pontos fortes, mas sabe pedir ajuda, se necessário.

Decifrar-se é o mais complexo dos enigmas da liderança. E fulminei:

— Liderar-se talvez seja o verdadeiro enigma da liderança. Ninguém consegue liderar os outros enquanto não aprender a ser líder de si mesmo! — repeti, saboreando cada palavra. — O verdadeiro líder tem de ser um líder de si mesmo. Esse era o maior de todos os achados.

Eu não conseguia conter o meu entusiasmo. A sensação era de ter encontrado algo equivalente ao novelo de lã que possibilitou a Teseu achar o caminho para sair do labirinto. Enquanto pensava nisso, enfiei a mão no bolso e apanhei o *tespih*, o colar de contas de âmbar que eu comprara naquela manhã para dar de presente à minha mulher. Hayal, nosso motorista, havia nos explicado que ele também é usado para rezar, meditar, buscar a paz interior. Segurei com firmeza aquelas contas na palma de minha mão, fechei os olhos e tracei meu objetivo: "Agora vou seguir o fio que se desenrolara no labirinto da liderança".

Respirei bem fundo e, já meio sonolento, guardei o *tespih* outra vez no bolso e entrei no hotel. Sem sequer trocar de roupa, dormi profundamente.

ATO FINAL

**A hora é agora!
Construa o seu passaporte para o futuro!**

— *Precisamos garantir o amanhã da nossa empresa! Não vou me limitar a falar sobre ações da minha diretoria, a comercial, como fizeram os colegas que me antecederam acerca de suas respectivas áreas. Prefiro falar sobre a necessária reinvenção da nossa empresa. Vou começar listando algumas ideias mortas que precisamos sepultar de uma vez por todas. Em seguida, apresentarei um conjunto de tarefas, como se fossem* **os doze trabalhos de Hércules**, *que nos ajudarão a repensar a nossa empresa. Isso mesmo, vamos pensar em conjunto sobre a nova empresa que precisamos construir se desejamos ter um futuro! Precisamos construir e carimbar o nosso* **"passaporte para o futuro"**.

Essas foram as primeiras palavras da minha apresentação no sábado pela manhã, último dia da convenção naquele belo resort do litoral brasileiro. Pedi desculpas por não ter comparecido ao jantar e ao show musical da véspera.

— Enquanto todos se divertiam, dormi profundamente e "participei" de um encontro improvável, mas necessário e possível de imaginar, que mudou a minha forma de pensar. Foi um sonho, mas gostaria de compartilhar minhas conclusões com vocês — disse, antes de dirigir um sorriso enigmático e de agradecimento à jovem gerente financeira, pois sua irreverência e criatividade tinham viabilizado minha "viagem".

Dispunha de apenas uma hora, não podia desperdiçar um minuto sequer. Fui direto ao ponto. A seguir, faço um resumo da apresentação que fiz aos meus colegas naquela manhã.[1]

Ideias mortas que precisamos sepultar

Boa parte do nosso entendimento sobre o mundo empresarial e sobre a forma como concebemos, organizamos e operamos nossas empresas é baseada em um conjunto de equívocos, ideias cujo tempo já passou, mas que continuam, como fantasmas, a nos rondar.

Da mesma forma que a humanidade, para dar alguns passos adiante, precisou sepultar certas ideias ultrapassadas — o sol gira em torno da Terra, o dia tem 24 horas, a caixa craniana do ser humano é rígida, o mundo foi criado em seis dias, o ser humano não pode voar etc. —, precisamos nos livrar de certas crenças da era industrial que podem ter sido úteis no passado, mas não funcionam mais. Estão mortas. Precisamos sepultá-las a fim de que deixem de nos atormentar, desocupem o nosso tempo e parem de guiar decisões equivocadas sobre nossas carreiras e o modo de organizar nossas empresas.[2]

O maior obstáculo para enveredarmos rumo ao futuro reside exatamente no que já sabemos. Como ensinava o grande filósofo grego Sócrates, o primeiro passo para aprender o novo consiste em fazer um grande esforço para desaprender algumas ideias, crenças e princípios que são consagrados, mas merecem questionamento.

Por essa razão, às vezes é bom criar certos neologismos, palavras novas, pois é difícil imaginar algo quando nos faltam palavras para descrevê-lo. Daqui a pouco vou usar alguns desses neologismos, como "clientividade®" e "solucionamento", visando facilitar nossa tarefa de imaginar o futuro.

Os doze trabalhos do Hércules corporativo

Podia "ouvir" o silêncio na sala, ecoando o forte impacto que minhas palavras criavam. Percebi que alguns colegas estavam sintonizados com a mensagem que eu procurava transmitir.

Prossegui, entrando já em algumas ideias que deveriam nortear o nosso "passaporte para o futuro", e descrevi, para júbilo dos presentes, a metáfora daquele trem-bala trafegando em uma sinuosa montanha-russa. Senti-me encorajado e disparei:

— Gostaria de aproveitar os minutos que me restam para elencar os enormes desafios e responsabilidades que estão diante de nós, líderes da empresa, neste momento da verdade.

274 | CÉSAR SOUZA

Fazendo uma analogia com os doze trabalhos de Hércules,[3] enumerei as prioridades que precisamos enfrentar para construir o nosso **"passaporte para o futuro"**:

1. **Construir um propósito e um mapa de geração de valor.** Não podemos continuar sendo uma empresa que busca somente os resultados, muito menos focada no curto prazo. Precisamos entender que o tipo de resultados que nos interessa e devemos almejar é aquele que nos permita criar um valor percebido pelos diversos componentes do ecossistema da nossa empresa: clientes, pessoas, investidores, parceiros, fornecedores, distribuidores e comunidades onde atuamos, enfim, todas as partes interessadas em torno das quais gravitamos e são a nossa razão de existir.

2. **Criar uma verdadeira "fábrica de líderes".** Precisamos de líderes de qualidade em todos os níveis, não apenas no topo da empresa. Líderes eficazes, muito mais que gerentes eficientes. Líderes capazes de construir um propósito e dar significado a suas equipes. Líderes competentes não apenas em liderar pessoas, mas também em liderar a criação de valor e a conquista de resultados específicos. Capazes de liderar clientes, parceiros e todo o cluster do negócio, muito além de liderar apenas dentro das paredes da empresa. Líderes construtores de pontes, integradores, em vez dos líderes cons-

PASSAPORTE PARA O FUTURO | 275

trutores de muros, feudos e silos funcionais que perpetuam uma visão fragmentada da realidade. Líderes capazes de garantir substitutos em curto prazo e sucessores em longo prazo, que entendam que o principal papel do líder é formar outros líderes, construindo o capital liderança — um indicador importante quando for feita uma avaliação do valor de mercado da empresa. Precisamos evoluir e nos libertar de indicadores tradicionais como o *turnover*, o absenteísmo, o homem-hora e outras "pérolas" herdadas da era industrial.

3. **Construir e praticar a "cultura da clientividade®".** Precisamos, de uma vez por todas, entender que o cliente é responsabilidade de todos na empresa, do porteiro ao presidente; entender que não possuímos canais e distribuidores, e sim parceiros cujo sucesso é uma das causas do nosso sucesso; que não podemos continuar pensando em PDVs, mas em PDEs. Temos de conjugar o verbo "clientar"[4] todos os dias e enfatizar que o que nos interessa não é apenas a produtividade ou a competitividade, mas a "clientividade®" — palavra que deve ser a base de sustentação do nosso negócio. Precisamos garantir aos nossos clientes o "solucionamento" — outra palavra que não existe, mas traduz o que os nossos clientes buscam. Não querem apenas atendimento e relacionamento, essas características já viraram obrigação. Querem algo mais, uma solução para seus problemas e desafios. Querem a

realização dos seus sonhos. Repito: clientes compram a realização de sonhos, não apenas produtos.

4. **Inspirar as pessoas muito mais e melhor.** Precisamos mudar bastante a nossa forma de liderar pessoas, de exercer nossa atividade na construção de equipes de alta performance. Devemos deixar de ser "gestores de cargos" e passar a nos relacionar com as pessoas, respeitando a sua individualidade, sem incentivar o individualismo, mas, ao contrário, estimulando o sentido de equipe. Precisamos desfrutar melhor do potencial de cada um. Gerenciar menos por procedimentos e sistemas e mais olho no olho, cara a cara, caso a caso. Entender que, quanto mais sofisticada a tecnologia, maior a necessidade de contato humano. A tecnologia não deve ser um instrumento de afastamento das pessoas, mas um veículo para fortalecer a comunicação e as relações. Temos de aplicar o conceito de customização (utilizado para produtos e clientes) à nossa forma de liderar pessoas. Precisamos identificar, desenvolver e engajar pessoas em diferentes níveis e áreas para que se responsabilizem pelo autodesenvolvimento e pela autogestão de sua vida profissional (que não devemos mais chamar de "carreiras") e que saibam lidar com doses crescentes de ambiguidade e incertezas. Precisamos encorajar cada pessoa que convive conosco a assumir as rédeas do seu destino e da sua vida profissional.

PASSAPORTE PARA O FUTURO | 277

5. **Montar um poderoso *hub* de parceiros.** A competição não será mais apenas produto contra produto ou empresa contra empresa. A competição se dará entre clusters de partes interessadas no negócio. As empresas vencedoras se diferenciarão porque o crescimento e desenvolvimento dos negócios ocorrem não mais apenas dentro da empresa, mas "fora", por meio de parcerias, *joint ventures*, alianças estratégicas, participações minoritárias em outras empresas e acordos com produtores de tecnologias, centros de pesquisa, instituições comunitárias e cooperação com instituições de ensino. Esse processo complexo de diferenciação exigirá uma competência de integração complexa. Atrair e manter esses diversos grupos de interesses em torno da causa da empresa e do negócio exigirá muito de cada um de nós para liderar quem não é funcionário e quem não tem relações permanentes com a empresa. Eles não precisarão ser "gerenciados" no sentido tradicional do termo, mas "empresariados" para que suas melhores competências possam ser colocadas a serviço do negócio da empresa.

6. **Desenvolver a cultura da paixão pela inovação.** Sem criatividade e inovação não há santo que ajude uma empresa a ser autossustentável no longo prazo. Ainda mais agora quando soluções disruptivas estão destruindo empresas tradicionais da noite para o dia. Precisamos criar um *hub* **de inovação** que seja um ponto forte entre nossa em-

presa, tradicional, e o ecossistema das startups. Precisamos criar o hábito da inovação constante, e não apenas espasmódica. A inovação precisa ir muito além do produto e da área de pesquisa e desenvolvimento. Essa prática deve tornar a empresa mais ágil e capaz de mudar tão rápido quanto a própria mudança. Também deve capacitá-la para se reinventar continuamente, sempre se posicionando de forma proativa, em busca do próximo patamar de sucesso. Não podemos mais admitir passivamente que as pessoas mais criativas fujam das grandes empresas para ganhar a vida nas artes, nas relações públicas, nas agências de publicidade, nas consultorias e nos seus próprios negócios porque as grandes burocracias, marca registrada da era industrial, afugentam os mais talentosos, os mais criativos e os não conformistas. Uma empresa como a nossa tem de ser uma espécie de ateliê, um ambiente onde pessoas talentosas agem como se fossem parte de um elenco de artistas, em que sintam prazer em criar, inovar e colocar seu talento a serviço dos clientes, parceiros e demais partes interessadas.

7. **Identificar as competências negociais a adquirir.** Precisamos identificar as *core competences* que serão vitais para o sucesso e nos diferenciarão dos concorrentes. Por exemplo, em uma empresa de bebidas, não apenas a qualidade do produto é fundamental, mas a competência da logística e da dis-

PASSAPORTE PARA O FUTURO | 279

tribuição é uma das chaves do sucesso, assim como a competência na gestão da marca (*branding*) é um diferencial decisivo.

8. **Elaborar um mapa de atitudes.** Precisamos fazer um pacto sobre as atitudes que nos comprometemos a praticar e aquelas que devemos eliminar. Por exemplo, precisamos **valorizar o intangível**, pois pertencemos a uma geração que foi educada com base na gestão dos tangíveis — capital, estoques, equipamentos, instalações, processos produtivos e tecnologia. Ter competência nesses fatores continua necessário, mas não é mais suficiente. O diferencial das empresas vencedoras está na gestão dos intangíveis — confiança, ambiente de trabalho, relacionamentos, cultura, inovação, marca e reputação. Precisamos aprender a valorizar o intangível sem prejuízo da excelência dos tangíveis. Não se trata de substituir um pelo outro, mas de introduzir a dimensão intangível (o moderno) no tangível (o eterno). Precisamos **juntar o injuntável**, pois é chegada a hora de lutar contra aparentes paradoxos: o curto e o longo prazo, a eficácia e a eficiência operacional, a alta diferenciação e o baixo custo, o lucro e a felicidade, a empresa e a sociedade.

9. **Incorporar ao modelo de negócio a sustentabilidade e a diversidade.** Não podemos mais nos dar ao luxo de tratar a sustentabilidade e nossas responsabilidades ambientais, ecológicas e sociais como uma mera declaração de intenção que se re-

280 | CÉSAR SOUZA

pete ano a ano, principalmente no tempo das vacas gordas. Precisamos incorporar a sustentabilidade no dia a dia da empresa, de forma que nossas práticas se tornem um ativo intangível, monetizado na valorização da empresa. A sustentabilidade precisa fazer parte do nosso modelo de negócios e da nossa cultura.

10. **Investir na autoliderança.** Não poderia avançar nessa lista de prioridades sem mencionar a façanha do autoconhecimento. Quem consegue se libertar e liderar a si mesmo tem condições de libertar os outros para fazer diferença e obter alta performance. É fundamental cada um de nós sermos mestres de nós mesmos, mostrarmos coerência entre o que dizemos e o que fazemos. Precisamos inspirar os outros pelo exemplo e garantir harmonia nas diferentes dimensões da nossa vida: profissional, familiar, pessoal e espiritual, e também como cidadãos. Temos de exercer nosso papel de *homo curiosus* e aperfeiçoar nossa capacidade de aprendizagem. Mais que na era do conhecimento, vivemos na era da aprendizagem. Não podemos ter a ilusão de que sucesso e felicidade consistem em não ter problemas. Na verdade, à medida que amadurecemos, os problemas não desaparecem, aumentam até de complexidade. Ter sucesso e felicidade na realidade é sentir-se preparado para enfrentar desafios que serão cada vez mais complexos.

11. **Integrar os modelos de negócios, de gestão e organizacional,** gerando a governança saudável. Temos de buscar um ponto ideal de equilíbrio entre, de um lado, a disciplina e a ordem necessárias para garantir a responsabilidade pelas decisões e, de outro, o grau de autonomia e motivação que desejamos. Não podemos tolerar um modelo de governança que nos engesse ou afugente os jovens. Também não podemos conviver em um clima de desordem e falta de respeito aos nossos valores fundamentais. O desafio desse modelo é o de substituir a "habilidade de gerenciamento", típica das burocracias funcionais e fragmentárias da era do comando, baseadas no medo e no controle, por competências eficazes para a execução da estratégia.

12. **Garantir a excelência na execução.** Nossa maior dificuldade tem sido na execução de nossas estratégias e planos, e não na concepção da estratégia. Precisamos de um novo conjunto de atitudes para transformar nossos sonhos em realidade. Devemos colocar a faca entre os dentes e nos comprometer a colocar em prática o que definimos. Falta determinação, garra, desejo. Não podemos nos dar ao luxo de realizar mudanças apenas reativas para superar momentos de dificuldade. Temos de nos antecipar aos acontecimentos, criar os fatos e promover mudanças proativas, por meio de rupturas construtivas que nos elevem a outro patamar.

282 | CÉSAR SOUZA

À medida que fazia a apresentação, fui tomado por uma inquietação: qual seria o impacto daquelas provocações? Como o presidente e meus colegas reagiriam? E os líderes empresariais apegados aos princípios tradicionais, de que modo receberiam minhas colocações quando aquilo fosse divulgado?

— Meus caros — tentei concluir —, tenho a consciência de que são vários pontos provocativos. E não posso deixar de dizer que, após aprofundarmos toda essa discussão, precisaremos ter claras e enumeradas as nossas **prioridades no curto, médio e longo prazos**. Ou seja, o nosso "passaporte para o futuro" contém vários tópicos, mas precisaremos carimbá-lo com planos de ação para, no máximo, cinco prioridades estruturadas para a construção do futuro com que todos sonhamos.

Eu sabia que estava "cutucando a onça com a vara curta". Afinal, não apenas questionava certos princípios sagrados, mas propunha uma nova forma de pensar.

Fui me acalmando quando li em um dos telões laterais as mensagens que a plateia enviava pelo Twitter. A primeira mensagem dizia: "Não precisamos esperar segunda-feira pra começar a mudança." Outra afirmava: "Já estou listando o que vou começar a fazer hoje mesmo".

Senti-me encorajado por essas mensagens. Mesmo as que não demonstravam a adesão imediata à minha tese pelo menos convidavam ao diálogo para esclarecer melhor alguns pontos mais polêmicos.

Evolução "em direção ao que precisamos saber" em vez de evolução "a partir do que sabemos"

Pensei no que diria o físico Thomas Kuhn (1922-1996), um dos mais importantes filósofos da ciência do século XX. Ele desenvolveu o conceito de paradigma: um conjunto de premissas que supõem uma visão de mundo compartilhada, leis, teorias, aplicações, métodos e instrumentos.[5]

Na acepção de Kuhn, as teorias nem sempre explicam todos os fatos com os quais podem ser confrontadas, mas isso não chega a afetar suas bases, exceto quando ocorre uma multiplicidade de fenômenos que fogem ao seu escopo (denominados por ele de anomalias). Daí a base de sustentação do paradigma é desafiada, fomentando uma crise capaz de engendrar uma revolução e conduzir a um novo paradigma.

Em momentos decisivos do desenvolvimento científico, nomes como "Copérnico, Newton, Lavoisier e Einstein (...), cada um deles forçou a comunidade a rejeitar a teoria científica anteriormente aceita em favor de outra incompatível com aquela",[6] escreveu Kuhn no seu indispensável *A estrutura das revoluções científicas*.

As reflexões que eu estava propondo sinalizavam justamente uma mudança de paradigma no universo empresarial.

Submergi em alguns pensamentos baseados no que aprendi sobre a obra de Kuhn a respeito da relutância em se aceitar um novo paradigma: "Regularmente e da maneira apropriada, a invenção de novas teorias evoca a mesma resposta por parte de especialistas que veem sua área de competência infringida por essas teorias (...). A nova teoria implica uma mudança nas regras que governam a prática anterior da ciência normal."[7]

Nossas análises mostraram como as práticas adotadas nas empresas estão defasadas em relação às mudanças ocorridas nas últimas décadas e alertaram para a necessidade de se renovar os instrumentos e orientar nosso olhar em novas direções.

Não almejava, contudo, uma adesão imediata. Sei bem que quem tem interesses na velha tecnologia de gestão jamais apoiará o novo. As mudanças de paradigma sempre são propostas por quem não se beneficia do *status quo* e despertam resistência porque nos obrigam a ver o mundo de modo diferente.

Pensava nessas palavras enquanto terminava a exposição. Continuei falando, mas agora totalmente de improviso e colocando meu coração nas palavras:

— O tempo exige novos rumos. Não se trata apenas de uma época de mudanças, mas de uma mudança de época. Pode constituir uma imensa oportunidade, se soubermos aproveitá-la. Cada um de nós pode ser coautor de um novo capítulo da trajetória da nossa empresa. Precisamos ter coragem para inventar nosso futuro. Sabemos que há momentos em que o passado deixa de iluminar o futuro. A hora é agora!

Foi então que uma notificação de mensagem chamou minha atenção. O texto dizia: "Parabéns, até que

PASSAPORTE PARA O FUTURO | 285

enfim alguém conseguiu colocar de maneira clara e pragmática quais princípios adotar para construir o futuro da empresa!" Reconheci o número do celular: era do diretor de logística.

Para tornar produtiva aquela mobilização em torno das ideias apresentadas, resolvi encerrar a apresentação com um pedido:

— Gostaria de propor, como fruto desta convenção, que a partir da próxima segunda-feira e no prazo máximo de uma semana pudéssemos preparar um novo plano de negócios para a empresa, em um horizonte de tempo de dez anos. Convido-os, então, a fazer algo diferente. Convido-os a sair da mesmice das ferramentas conhecidas de planejamento e produzirmos algo inovador a ser submetido ao nosso presidente, de tal forma que ele possa enviá-lo para ser validado no conselho de administração. Penso em algo diferente. Podemos até chamá-lo de **"Passaporte para o futuro: garantindo o amanhã da nossa empresa"**.

Não pude evitar uma fila de cumprimentos. Estava até um pouco embaraçado, quando o presidente da empresa se aproximou e me deu um abraço. Daí me confidenciou:

— Aproveite o momento, vá fundo! Durante sua apresentação, enviei um e-mail para a nossa matriz e para o presidente do conselho de administração avisando que acredito ter encontrado o meu sucessor para assumir o comando da empresa em dois ou três anos: **você!**

Conclusão

Leitor, o próximo passo quem dá é você

Espero que você NÃO tenha aceitado passivamente o relato dessa jornada e desafie o que está escrito. Pense criticamente por si mesmo. Questione e se questione.

Mas, mesmo que você não concorde com tudo, espero que tenha aproveitado a leitura para refletir sobre a empresa onde trabalha e sobre a sua carreira e a de seus familiares.

Não existe uma forma única e correta, nem a ideologia certa para pensar sobre o futuro da sua carreira ou da sua empresa. A legitimidade de uma ideia e a coerência entre ideias são mais importantes que qualquer ideia isolada.

Agradeço por ter embarcado nessa viagem fictícia à bela e instigante República da Turquia e pela companhia nos bastidores de uma típica convenção anual de uma empresa.

Ao substituir a "evolução a partir do que sabemos" pela "evolução em direção ao que precisamos saber", diversas aflições do dia a dia poderão ser mais bem entendidas e até mesmo superadas.

Se você não é acomodado e deseja construir o futuro da sua carreira, da sua empresa e ter sucesso em um mundo em transe, convido-o a seguir viagem, dando o próximo passo.

Se desejar se preparar para aumentar as suas chances de sucesso nesse novo mundo de incertezas, mas também de oportunidades, aproveite as ideias aqui apresentadas e construa o seu próprio **"passaporte para o futuro"**, enquanto saboreia um delicioso *kahve*, o forte café turco.

Tim-tim!

César Souza
cesarsouza@empreenda.net
@cesarsouzaempreenda
Dubai-Abu-Dabhi, primavera de 2022

Dedicatória *in memoriam*

A Frederic W. Taylor (1856-1915), autor da primeira obra sobre administração, publicada em 1911.

A Peter Drucker (1909-2005), cujo livro *Concept of the corporation* estabeleceu as bases desse campo do conhecimento em 1946.

A H. Igor Ansoff (1918-2002), pai do conceito de *business strategy*, e autor do primeiro livro publicado sobre o tema em 1965.

A outros pioneiros e cofundadores do management:
Henri Fayol (1841-1925),
Max Weber (1864-1920),
Mary Parker Follett (1868-1933),
Elton Mayo (1880-1949),
William Edwards Deming (1900-1993),
Joseph Moses Juran (1904-2008),
Douglas McGregor (1906-1964),
Abraham Maslow (1908-1970),
C. K. Prahalad (1941-2010).

E ao saudoso e querido José Osório Reis (1935--1989), professor de Teoria Geral da Administração na Universidade Federal da Bahia.

Agradecimentos

Aos inúmeros clientes da Empreenda, pelas práticas inovadoras que inspiram a visualização do tipo de empresa que precisamos construir para garantir o seu amanhã.

A Carlos Villa, fundador da Solvi Ambiental, e aos membros do conselho de administração e da diretoria da empresa onde utilizei pela primeira vez a expressão "passaporte para o futuro".

Aos meus sócios, Milton Camargo e Cristinna Patsch, por acreditarem na força dessas ideias.

À equipe da Editora Record e em especial a Rodrigo Lacerda, pelo encorajamento constante para publicar minhas provocativas ideias.

A Vanda Souza, Luiz Edmundo Rosas, Robson Henriques, Alfredo Duarte, Eduardo Najjar e ao saudoso Airton Carlini, pelo zelo com o legado da obra.

A Cristina Nabuco, que sempre apareceu com uma lâmpada quando a vela da arte de escrever parecia fraquinha.

À equipe da VBM Litag, em especial a Luciana Villas-Bôas, querida agente literária, pelo apoio de sempre à minha trajetória como autor.

A Dora Souza, pelas inúmeras vezes em que incansavelmente me apoiou no preparo dos originais.

E a todos os que "participaram" desse encontro inverossímil, mas necessário e possível de se imaginar.

Notas

Introdução:
A lâmpada não é a evolução da vela!

1. As informações sobre o terremoto no Japão foram extraídas de duas fontes principais: "O Japão em choque" (*Veja*, 16 mar. 2011) e "Japoneses recordam seis meses do terremoto" (*Veja*, 11 set. 2011). Disponível em: <https://veja.abril.com.br/mundo/os-japoneses-recordam-os-seis-meses-do-terremoto/>. Acesso em: 20 jul. 2022.

2. No prefácio do livro *O futuro da administração* (Trad. Thereza Ferreira Fonseca. Rio de Janeiro: Campus/Elsevier, 2007), escrito em coautoria com Bill Breen, Gary Hamel propõe de forma pioneira que: "(...) sua empresa está sendo administrada (...) por um pequeno grupo de teóricos e profissionais que já morreram há muito tempo e que criaram as regras e convenções da gestão 'moderna' nos primeiros anos do século XX."

3. A expressão "A lâmpada não é a evolução da vela" é de autoria de Júlio Ribeiro e dá o título ao capítulo 9 do seu best-seller *Fazer acontecer.com.br* (São Paulo: Saraiva/Virgília, 2009).

4. A expressão "A alma é a propaganda do negócio" foi provavelmente mencionada por Millôr Fernandes na década

294 | CÉSAR SOUZA

de 1980, em um dos seus haicais, aqui citado de memória por José Bezerra Marinho: "Já dizia um santo ao sócio, / No nosso caso, / A alma é a propaganda do negócio."

1. Nada do que for será como antes

1. O conceito de "subdesempenho satisfatório" foi criado pela professora Betania Tanure e apresentado no livro *Estratégia e gestão empresarial*, escrito em coautoria com o professor Sumantra Ghoshal (Rio de Janeiro: Campus/Elsevier, 2004).

2. A frase "Cansado de ser uma estrela brilhante no trabalho e uma lua minguante em casa" foi pronunciada em agosto de 2008 por um participante do CIO Meeting, em uma palestra realizada pelo autor, no Hotel Hilton Conrad, em Punta del Este, Uruguai, durante evento promovido pela Editora Abril.

3. O conceito de "ideias mortas" foi originalmente proposto pelo jornalista Matt Miller no livro *The tyranny of dead ideas* (Nova York: Times Books, 2009), que analisa ideias ultrapassadas no cenário econômico e político.

2. O mundo em transe

1. A história do "nó górdio" está relatada no *Guia visual — Turquia* (2. ed. São Paulo: Publifolha, 2010, p. 47) e em vários livros sobre mitologia, como *Mitologia: histórias de deuses e heróis*, de Thomas Bulfinch (Rio de Janeiro: Ediouro, 2006), e *O grande livro da mitologia nas artes visuais*, coordenado por Roberto Carvalho de Magalhães (Rio de Janeiro: Ediouro, 2006).

PASSAPORTE PARA O FUTURO | 295

2. O fascínio de Peter Drucker pela Ásia e pelo Japão é apontado no livro *A cabeça de Peter Drucker*, de Jeffrey A. Krames (Rio de Janeiro: Sextante, 2008).

3. A frase citada por Peter Drucker numa aula em 1981 na Universidade de Nova York está mencionada em *Drucker em 33 lições*, de Rick Wartzman (Trad. Cristina Yamagami. São Paulo: Saraiva, 2010, p. 12).

4. O trabalho do respeitado e saudoso professor e autor indiano C. K. Prahalad, assim como seus conceitos de "base da pirâmide" e de "linha do esquecimento", entre outras de suas originais ideias, estão relatados no best-seller *Competindo pelo futuro*, escrito em coautoria com Gary Hamel (Rio de Janeiro: Campus, 1996), e no excepcional livro *A riqueza na base da pirâmide* (Porto Alegre: Bookman, 2005).

5. A pesquisa sobre "As empresas dos sonhos dos jovens para trabalhar", coordenada por Sofia Esteves e equipe, tem sido realizada há mais de uma década pela Companhia dos Talentos. Disponível em: <https://www.ciadetalentos.com. br/blog/>. Acesso em: 20 jul. 2022.

6. As lembranças de Peter Drucker sobre uma aula de John Maynard Keynes estão narradas no livro *Drucker em 33 lições*, de Rick Wartzman (São Paulo: Saraiva, 2010, p. 16).

7. As "cinco perguntas simples, porém essenciais e relevantes, que Drucker gostava de sugerir aos dirigentes" estão formuladas no prefácio assinado por Frances Hesselbein para o livro *As cinco perguntas essenciais que você sempre deverá fazer sobre sua empresa*, de diversos autores, inclusive o próprio Peter Drucker (Trad. Marcia Nascentes. Rio de Janeiro: Campus/Elsevier, 2008).

296 | CÉSAR SOUZA

3. A era do intangível

1. O conceito de sinergia, formulado por Igor Ansoff, foi registrado em apontamentos feitos pelo autor durante as aulas com esse professor na Graduate School of Management, na Universidade Vanderbilt, em 1974 e 1975. A ideia central pode ser encontrada no livro *Corporate strategy* (Nova York: McGraw-Hill, 1965) e nos artigos e livros que compõem a sua notável obra.

2. A celebrada "matriz de Ansoff", também conhecida como "matriz produto/mercado", é um modelo utilizado para determinar oportunidades de crescimento de unidades de negócio de uma organização. A matriz está descrita no livro *Corporate strategy*, de Ansoff (Nova York: McGraw-Hill, 1965), e posteriormente abordada na obra *Safári da estratégia: um roteiro pela selva do planejamento estratégico*, de autoria de Henry Mintzberg, Bruce Ahlstrand e Joseph Lampel (Porto Alegre: Bookman, 2000). Informações, gráfico e exemplos da matriz podem ser encontradas no site Artigonal: <http://www.artigonal.com/ensino-superior-artigos/matriz-ansoff-2927967.html>. Acesso em: 21 jul. 2022.

3. Os diferenciais do Master in Management Program, uma iniciativa pioneira liderada por Igor Ansoff como reitor da Graduate School of Management da Universidade Vanderbilt, podem ser encontrados no catálogo de cursos da escola, publicados a partir de 1970.

4. As reflexões deste capítulo que descreve "grandes mudanças na história" estão baseadas no livro de Geoffrey Blaney

PASSAPORTE PARA O FUTURO | 297

Uma breve história do mundo (2. ed. São Paulo: Fundamento, 2010).

5. A frase do historiador britânico Eric Hobsbawm está no livro *A era dos extremos: O breve século XX: 1914-1991* (2. ed. São Paulo: Companhia das Letras, 1995, p. 25).

4. Soprando as mais de 100 velinhas do management

1. Os passos iniciais de Frederick Taylor como a primeira pessoa na história a estudar a dinâmica do mundo do trabalho são lembrados por Peter Drucker na introdução do seu livro *Management: revised edition*, em coautoria com Joseph Maciariello (Nova York: Harper Collins, 2008, p. 14).

2. A quebra de paradigma no tratamento de úlceras é relatada em: YANO, Célio. "Uma bactéria sui generis". *Ciência Hoje*, 3 out. 2005, p. 120-121. Disponível em: <https://cienciahoje.org.br/acervo/uma-bacteria-sui-generis/>. Acesso em: 24 ago. 2011. O consultor Gary Hamel também contou essa história no livro *O futuro da administração* (Rio de Janeiro: Campus/Elsevier, 2007), escrito em coautoria com Bill Breen.

3. O comentário do Prêmio Nobel de 2008, Paul Krugman, feito em uma palestra na London School of Economics em 2009, foi publicado no artigo "How did economists get it so wrong" (*The New York Times Magazine*, Nova York, 2 set. 2009). Disponível em: <http://www.nytimes. com/2009/09/06/magazine/06Economic-t.html?pagewanted=all>.

4. A evolução do pensamento administrativo como fruto do processo de modernização da sociedade, os diferentes

focos das escolas de Administração e os pilares da teoria organizacional, assim como o aprofundamento dos conceitos de *homo economicus*, *homo complexus* etc., podem ser encontrados no excelente compêndio *Teoria geral da administração*, de Fernando C. Prestes Motta e Isabella Gouveia de Vasconcelos (3. ed. rev. São Paulo: Cengage Learning, 2006).

5. A história detalhada de Henry Ford e sua influência no pensamento e evolução do management, assim como a frase citada neste capítulo comparando a produção de carros à de palitos de fósforo, podem ser conferidas no livro *New and improved: the story of mass marketing in America*, de Richard Tedlow (Nova York: Basic Books, 1991, ou Boston: Harvard Business School Press, 1996).

6. A brilhante descrição de como funcionava a GM e a aplicação de alguns conceitos do management avançado na época podem ser encontradas em: SLOAN, Alfred P. *My years with General Motors*. Nova York: Doubleday/Currency, 1964.

7. O famoso experimento de Hawthorne está descrito em detalhes no site: <https://www.portal-administracao. com/2017/10/experiencia-de-hawthorne-elton-mayo. html>. Acesso em: 21 jul. 2022.

8. O conceito de Administração por Objetivos (ApO) é detalhado em: DRUCKER, Peter. *Concept of the corporation*. Nova York: John Day, 1946.

9. A resposta "Foquei no estudo do management como uma disciplina e como uma arte liberal", dada por Drucker ao ser perguntado, em 1999, sobre qual teria sido sua maior

PASSAPORTE PARA O FUTURO | 299

contribuição, foi retirada do texto "Management: tasks, responsibilities and practices", na página inicial do livro *Management: revised edition*, escrito por Drucker e Joseph Maciariello (Nova York: Harper Collins, 2008).

10. As expressões *homo mutabilis* e *homo congregatio* foram sugeridas em diversas trocas de e-mails com o antropólogo, palestrante e autor Luiz Marins quando meu parco latim me impediu de expressar esse pensamento de forma mais clara.

11. As ideias originais da visão sistêmica das organizações estão publicadas em: VON BERTALLANFY, Ludwig. *Teoria geral dos sistemas*. Petrópolis: Vozes, 1968.

5. A nova era do management

1. A instigante história de como a cidade de Sobral, no Ceará, serviu de palco para a comprovação da teoria da relatividade foi contada pelo jornalista Ivan Marsiglia, na reportagem "Os lunáticos de Sobral" (*O Estado de S. Paulo*, São Paulo, 24 jul. 2009). Agradeço a Hermann Pontes Silva (*in memoriam*), VP da Embraer e natural de Sobral, por ter me contado essa história.

2. Para saber mais sobre a teoria da relatividade, consulte: EINSTEIN, Albert. *A teoria da relatividade geral e especial*. Rio de Janeiro: Contraponto, 1999.

6. A empresa que o momento exige

1. O filme *2001: uma odisseia no espaço* foi dirigido por Stanley Kubrick e lançado pela Metro-Goldwyn-Mayer (MGM),

300 | CÉSAR SOUZA

em 1968. Simultaneamente foi escrito o livro, de mesmo título, por Arthur C. Clarke (Mem Martins: Europa-América PT, 1993).

2. O filme *Colossus: The Forbin Project* (intitulado em português de *Colossus 1980*) foi dirigido por Joseph Sargent e baseado no romance *Colossus*, de Dennis Feltham Jones.

3. ORWELL, George. *1984*. 29. ed. São Paulo: Nacional, 2003. O filme, de mesmo nome, teve produção inglesa (Umbrella-Roseblum); dirigido por Michael Radford e lançado em 1984.

4. Para aprofundar a compreensão da evolução da teoria e prática do planejamento estratégico, consulte a obra de Igor Ansoff, Roger Declerck e Robert Hayes, *Do planejamento estratégico à administração estratégica* (1. ed. São Paulo: Atlas, 1990), ou, se preferir, o original em inglês: *From strategic planning to strategic management* (Nova York: John Wiley & Sons, 1976).

5. A provocação sobre *market share* e *competence share* foi inicialmente formulada em: SOUZA, César. Talentos & Clientividade®. Rio de Janeiro: QualityMark, 2000.

6. As ideias de "arquipélagos de excelência" e de "ilhas de competência" foram pronunciadas originalmente pelo engenheiro de mineração José Carlos Leal durante a convenção anual da Construtora Odebrecht, em 1981. Elas foram tangibilizadas e receberam forma em uma visita a uma exposição sobre a obra de Henri Matisse diante dos quadros *A música* e *A dança*.

7. A ideia original do sonho como a primeira etapa do planejamento estratégico foi inicialmente formulada no best-

PASSAPORTE PARA O FUTURO | 301

-seller de César Souza *Você é do tamanho dos seus sonhos* (São Paulo: Gente, 2003; Rio de Janeiro: Agir, 2009).

8. A frase citada ao final do capítulo é um provérbio italiano atribuído ao general Aníbal. Detalhes podem ser obtidos pelos links: <http://en.wikipedia.org/wiki/Inveniam_viam>; <http://pt.wikiquote.org/wiki/An%C3%ADbal>.

7. Sonho: a primeira etapa da estratégia

1. A obra de Michael Porter, especialmente o livro *Estratégia competitiva* (Rio de Janeiro: Campus, 2005), é uma boa fonte para análise do tema "Estratégia empresarial contemporânea".

2. Uma ampla discussão sobre o tema da execução pode ser encontrada no livro *Execução: a disciplina para atingir resultados*, de Ram Charam e Larry Bossidy (Rio de Janeiro: Campus, 2004).

3. A distinção entre "o eterno e o moderno" é uma contribuição inovadora do renomado professor José Carlos Teixeira Moreira, que a defende nas suas concorridas palestras e em dois de seus livros: *Foco do cliente* (3. ed. São Paulo: Gente, 2009) e *Usina de valor* (São Paulo: Gente, 2009).

8. O cliente no centro de tudo

1. A pesquisa mencionada nesse capítulo foi realizada graças a uma parceria entre a HSM e a Empreenda Consultoria em 2010.

2. O comentário do guru em marketing Philip Kotler foi publicado no capítulo por ele assinado do livro *As cinco*

302 | CÉSAR SOUZA

perguntas essenciais que você sempre deverá fazer sobre sua empresa, de diversos autores (Trad. Marcia Nascentes. Rio de Janeiro: Campus, 2008).

3. O conceito de clientividade®, registrado no Inpi, foi criado pelo autor em 1998 e publicado no seu livro *Talentos & clientividade*® (Rio de Janeiro: QualityMark, 2000). O conceito de clientograma tem sido exaustivamente defendido pelo autor em suas palestras e consultorias desde 2009.

4. As frases atribuídas a Steve Jobs foram publicadas em diversos veículos, especialmente nas reportagens "Quero deixar uma marca no universo" e "As ideias de Jobs para mudar o seu mundo", de Fabio Altman, ambas da revista *Veja* (São Paulo, 12 out. 2010).

9. Pessoas tratadas como pessoas, não como cargos

1. Mesma pesquisa citada no capítulo anterior, realizada por meio de uma parceria entre a HSM e a Empreenda Consultoria em 2010.

2. A tese da evolução da gestão de cargos para a gestão de pessoas, assim como alguns fatos sobre a história do RH, estão baseados em uma palestra do renomado professor Luiz Carlos Cabrera, realizada em 2011 na sede da Empreenda para a diretoria da JHSF.

3. O conceito de "fábrica de líderes", devidamente registrado no Inpi, foi formulado pelo autor, a partir da ideia de "*Leadership Engine*", de Noel Tichy e Stratford Sherman, no livro *Controle seu destino antes que alguém o faça* (São Paulo: Educator Editora, 1993).

4. "Capital liderança" é também um conceito criado pelo autor e devidamente registrado no Inpi.

5. A ideia de que "o RH precisa ser *core* e não mais suporte" foi apresentada pelo professor Luiz Carlos Cabrera durante a sessão magna do CONARH 2011, promovido pela ABRH, ao relatar conclusões do Fórum de Presidentes, realizado em agosto de 2011.

6. Para aprofundar o tema da evolução do papel do RH, sugere-se a leitura do artigo do autor "Vamos demitir o gerente de RH?", publicado na *Revista de Administração de Empresas*, da FGV, em 1979.

10. O poder do propósito: sem significado, resultados perdem valor

1. O pensamento tem sido atribuído popularmente a Santo Agostinho.

2. A descrição detalhada das circunstâncias que levaram ao pensamento e à pesquisa realizada por Frederick Taylor está presente na sua obra clássica *Princípios de administração científica* (São Paulo: Atlas, 1995), inicialmente publicada em 1911, em que são relatados os desperdícios das coisas materiais e das "ações desastradas e mal orientadas dos homens".

3. A importância da obra de Mary Parker Follett é finalmente resgatada no excelente livro do professor, palestrante e autor Eugenio Mussak, *Gestão humanista de pessoas* (Rio de Janeiro: Campus/Elsevier, 2010, p. 18-26).

4. O "efeito aura" e vários mitos sobre as empresas são exaustivamente analisados em: ROSENZWEIG, Phil. *Derrubando*

304 | CÉSAR SOUZA

mitos: como evitar os nove equívocos básicos no mundo dos negócios. Rio de Janeiro: Globo/Coleção Negócios, 2008.

5. A frase de Immanuel Kant foi relembrada e contada em brilhante palestra do filósofo Mario Sergio Cortella, assistida pelo autor em 2011.

11. Mais peças do quebra-cabeça: estrutura, parceiros, tecnologia e a inovação como pilar da cultura

1. A pesquisa mencionada foi realizada pela Associação Brasileira de Recursos Humanos (ABRH) em parceria com a Empreenda Consultoria, sob a coordenação de César Souza e Eugenio Mussak e apresentação de ambos na sessão magna de encerramento do CONARH 2011, realizado em São Paulo.

2. As teses de James (ou Jim) Collins, assim como suas ideias originais, podem ser encontradas nas suas obras-primas: *Feitas para durar* (Trad. Silvia Schiros. Rio de Janeiro: Campus, 1994), *Good to great — Empresas feitas para vencer* (Trad. Maurette Brandt. Rio de Janeiro: Campus, 2001) e *Como as gigantes caem* (Trad. Cristina Yamagami. Rio de Janeiro: Campus, 2010).

3. WEBER, Max. *A ética protestante e o espírito do capitalismo.* ed. São Paulo: Pioneira, 1985.

4. O conceito de uma grande empresa como uma confederação de pequenas empresas é de autoria do engenheiro e empresário Norberto Odebrecht, fundador da Construtora Odebrecht, cujos pensamentos pioneiros podem ser encontrados no livro *Sobreviver, crescer e perpetuar* (Salvador: Pu-

PASSAPORTE PARA O FUTURO | 305

blicações Odebrecht, 1983). A empresa foi uma das primeiras no país a formular um "sistema de empresariamento" explícito e integrado ao negócio e à filosofia e cultura da empresa, conhecido como Tecnologia Empresarial Odebrecht (TEO). Desde a década de 1950, a Odebrecht tem praticado uma filosofia empresarial de vanguarda pouco reconhecida pela mídia especializada.

5. McGREGOR, Douglas. *O lado humano da empresa*. São Paulo: Martins Fontes, 1980.

6. A frase *"High tech, high touch"* foi pronunciada pelo pensador e autor John Naisbitt durante o evento Top to Top Dialog, realizado em Búzios, Rio de Janeiro, promovido pelo autor em 1992. Depois, tal frase se transformou no título de um livro de Naisbitt (4. ed. São Paulo: Cultrix, 2011).

7. Os comentários sobre inovação são extraídos da apresentação feita pelo autor, durante o painel com CEOs, no Fórum Mundial de Inovação, promovido pela HSM em 2011.

8. As frases de Steve Jobs foram publicadas na entrevista "The three faces of Steve", feita por Brent Schlender para a revista *Fortune* de 9 nov. 1998.

12. Cultura: o ativo (ou passivo) que não aparece no balanço das empresas

1. Detalhes sobre a infância de Peter Drucker, particularmente o fato de ter sido apresentado a Sigmund Freud e a Schumpeter, estão baseados no relato do livro *A cabeça de Peter Drucker* (Rio de Janeiro: Sextante, 2008), de Jeffrey A. Krames. Consulte o "Epílogo — Do monstro ao cordeiro:

306 | CÉSAR SOUZA

as pessoas que moldaram Peter Drucker", entre as páginas 200 e 202.

2. Os conceitos de Schumpeter mencionados nesse capítulo estão descritos em *Capitalismo, socialismo e democracia* (Rio de Janeiro: Zahar, 1984). O livro foi publicado originalmente em 1942.

3. A descrição detalhada sobre a obra *A Escola de Atenas*, pintada por Rafael Sanzio, pode ser encontrada no livro *Tudo sobre arte* (Rio de Janeiro: Sextante, 2010).

4. Para maiores informações sobre os cinco estágios do declínio proposto por James Collins, veja seu livro *Como as gigantes caem* (Trad. Cristina Yamagami. Rio de Janeiro: Campus, 2011).

5. Sobre a "sabedoria do E" e a "ditadura do OU", veja o livro *Feitas para durar* (Rio de Janeiro: Campus, 1997), de James Collins e Jerry Porras.

6. Para uma análise mais aprofundada sobre atitudes, posturas e valores, veja dois livros do autor: *Você é o líder da sua vida?* (Rio de Janeiro: Sextante, 2007) e *Cartas a um jovem líder* (Rio de Janeiro: Campus/Elsevier, 2010).

Breve intervalo: Ajustes nos bastidores da empresa

1. A história do sensor desenvolvido no Brasil por médicos paulistas foi relatada pelo jornalista Alexandre Gonçalves na matéria "Sensor mede pressão no crânio", publicada no jornal *O Estado de S. Paulo* (São Paulo, 29 ago. 2011). Disponível em: <http://www.estadao.com.br/noticias/vidae, sensor-mede-pressao-dentro-do-cranio,765522,0.htm>. Acesso em: 21 jul. 2022.

13. Solte suas amarras: liberte-se dos mitos sobre liderança

1. Os comentários de Didi estão baseados em entrevista concedida pelo jogador e publicada no livro *Recados da bola: depoimentos de doze mestres do futebol brasileiro*, de Jorge Vasconcellos (São Paulo: Cosac Naify, 2010, p. 184).

2. O relato dos 27 passos de Didi e dos gols da partida estão registrados no filme *Suécia 1958*, vol. 5 da *Coleção Copas do Mundo 1930-2006* (São Paulo: Placar/Editora Abril, 2010).

3. Detalhes sobre o conceito de liderança situacional podem ser encontrados no livro de Paul Hersey e Kenneth Blanchard *Psicologia para administradores: a teoria e as técnicas da liderança situacional* (São Paulo: EPU, 1986).

4. Os "cinco mitos sobre liderança" são aprofundados em dois livros do autor: *Você é o Líder da sua Vida?* (Rio de Janeiro: Sextante, 2007) e *Cartas a um jovem líder* (Rio de Janeiro: Campus/Elsevier, 2010).

14. As cinco forças do líder que o momento exige

1. Para conhecer melhor a capital da Turquia, é indispensável a leitura de *Istambul: memories and the city*, do Prêmio Nobel de 2006, o escritor turco Orhan Pamuk (Londres: Faber and Faber, 2005) [*Istambul: memória e cidade*. Trad. Sergio Flaksman. São Paulo: Companhia das Letras, 2007]. Sua bela e comovente declaração de amor à cidade me inspirou a visitá-la e a transformá-la em um dos cenários deste livro.

2. Para maiores detalhes sobre os conceitos de "Líder 1.0" e "Líder 2.0", as sementes do conceito do neolíder, consulte

308 | CÉSAR SOUZA

dois livros do autor: *Você é o líder da sua vida?* (Rio de Janeiro: Sextante, 2007) e *Cartas a um jovem líder* (Rio de Janeiro: Campus/Elsevier, 2010).

Ato final: A hora é agora! Construa o seu passaporte para o futuro!

1. Algumas reflexões apresentadas nesse capítulo derivam de palestras e conversas do autor com os palestrantes e autores Waldez Ludwig, Eugenio Mussak, César Romão, Carlos Alberto Júlio, Leila Navarro, Reinaldo Polito, Luiz Marins, Clovis Tavares, Max Gheringer, prof. Gretz, Daniel Godri, Dulce Magalhães, Içami Tiba e Marco Aurelio Ferreira Vianna, entre outros, como José Maria Gasalla e Robert Wong.

2. A formulação de "ideias mortas que precisamos sepultar", como já referido na introdução deste livro, inspirou-se no conceito de "ideias mortas" originalmente proposto pelo jornalista Matt Miller no livro *The tyranny of dead ideas* (Nova York: Times Books, 2009).

3. Para maiores detalhes sobre os doze trabalhos de Hércules, sugiro ler: BULFINCH, Thomas. *Mitologia*: histórias de deuses e heróis. Rio de Janeiro: Ediouro, 2006.

4. O verbo "clientar" tem sido usado por inúmeros executivos e consultores. A primeira vez que o ouvi foi na Xerox, pronunciado por dois de seus dirigentes, Carlos Salles e Luiz Moreira.

5. A respeito do filósofo Thomas Kuhn e suas ideias sobre como as mudanças de paradigma atuam no processo de

PASSAPORTE PARA O FUTURO | 309

desenvolvimento da ciência, deve ser lido o imperdível livro *A estrutura das revoluções científicas* (São Paulo: Perspectiva, 2003), especialmente as páginas 25 e 26, nas quais se encontram os trechos citados neste capítulo.

6. KUHN, Thomas S. *A Estrutura das Revoluções Científicas.* Trad. Beatriz Vianna Boeira e Nelson Boeira. 7. ed. São Paulo: Perspectiva, 2003, p. 25.

7. Ibidem, p. 26.

Bibliografia

ALTMAN, F. "As ideias de Jobs para mudar o seu mundo". *Veja*, São Paulo, 12 out. 2011.

_____. "Quero deixar uma marca no mundo". *Veja*, São Paulo, 12 out. 2011.

ANSOFF, H. I. *Corporate strategy*. Nova York: McGraw-Hill, 1965.

_____; DECLERK, R. P.; HAYES, R. L. *From strategic planning to strategic management*. Nova York: John Wiley & Sons, 1976.

ARGYRIS, C.; SCHÖN, D. *Organizational learning*. Nova York: Addison-Wesley, 1974.

BARNARD, C. *Organization and management*. Massachusetts: Harvard University Press, 1948.

BAUER, R. *Gestão da mudança*: caos e complexidade nas organizações. São Paulo: Atlas, 1999.

BENNIS, W.; TOWSEN, R. *Reinventing leadership*: strategies to empower the organization. Nova York: Harper Collins, 2005.

BLANEY, G. *Uma breve história do mundo*. 2. ed. São Paulo: Fundamento, 2010.

BRANCO, B. J. S. *Grandes nomes da gestão*. Coimbra: Instituto Politécnico de Coimbra, 2006, 19 p.

312 | CÉSAR SOUZA

BUSINESS WITH TURKEY. Disponível em: <http://www.business-with-turkey. com/guia-turismo/aprendendo_turco.shtml>. Acesso em: 25 ago. 2011.

CAJAZEIRA, J. *Responsabilidade social nas empresas de classe mundial no Brasil*: desempenho sustentável ou só discurso? Dissertação (mestrado em administração de empresas) — Fundação Getúlio Vargas, São Paulo, 2005.

CHAMIE, J. *World population in 21st century or life, death and other important matters*. São Paulo: Fundação Nacional de Qualidade, 2010.

CHRISTINA. "A culinária turca e outras dicas de viagem a Istambul." Postado em 3 abr. 2011. Disponível em: <http://fuievolteipracontar.blogs- pot.com/2011/04/culinaria-turca-e-outras-dicas-de.html>. Acesso em: 12 ago. 2011.

DA MATTA, R. "De ponta cabeça". *O Estado de S. Paulo*, 17 ago. 2011.

DE GEUS, A. *A empresa viva*. Rio de Janeiro: Campus/Elsevier, 1998.

DISTANCE CALCULATOR TURKEY. Disponível em: <https://distancecalculator.globefeed.com/Turkey_Distance_Calculator.asp>. Acesso em: 20 jul. 2022.

DRUCKER, P. "The Coming of the New Organization". *Harvard Business Review*, jan./fev. 1988.

_____. *A organização do futuro*: como preparar hoje as empresas de amanhã. Rio de Janeiro: Futura, 1997.

_____. *O gerente eficaz*. 3. ed. Rio de Janeiro: Zahar, 1972.

_____. *Concept of the Corporation*. Nova York: The John Day Company, 1946.

PASSAPORTE PARA O FUTURO | 313

_____; MACIARIELLO, J. *O gerente eficaz em ação*. Rio de Janeiro: LTC, 2007.

ETZIONI, A. *Organizações modernas*. 7. ed. São Paulo: Pioneira, 1984.

FAYOL, H. *Administração industrial e geral*. 9. ed. São Paulo: Atlas, 1981.

FETTKE, P.; LOOS, P. *Perspectives on reference modeling*. In: _____; _____ (ed.). *Reference modeling for business systems analysis*. Hershey: Idea Group Publishing, 2007.

_____; _____; ZWICKER, J. *Business reference model: survey and classification*. III International Conference on BPM, França, 2005.

FUNDAÇÃO NACIONAL DA QUALIDADE (FNQ). *Cadernos de excelência: introdução ao modelo de excelência da gestão*. São Paulo, 2007.

GHARAJEDAGHI, J. *Systems thinking: managing Chaos and complexity, a Plataform for designing business architecture*. Boston: Butterworth-Heinemann, 1999.

GRAHAN, P. (org.). *Mary Parker Follett: profeta do gerenciamento*. Rio de Janeiro: QualityMark, 1997.

HAMEL, G.; PRAHALAD, C. K. *Competindo pelo futuro*. Rio de Janeiro: Campus, 1996.

HANDY, C. *A era da irracionalidade*. São Paulo: Cetop, 1991.

HERZBERG, F.; MAUSNER, B.; SNYDERMAN, B. B. *The motivation to work*. Nova York: Wiley, 1959.

INSTITUTO BRASILEIRO DE GOVERNANÇA CORPORATIVA. Disponível em: <http://www.ibgc.org.br>. Acesso em: 30 jun. 2009.

314 | CÉSAR SOUZA

INSTITUTO ETHOS DE EMPRESAS E RESPONSABILIDADE SOCIAL. Disponível em: <http://www1.ethos.org.br>. Acesso em: 30 jun. 2009.

JURAN, J. M. *A qualidade desde o projeto*: novos passos para o planejamento da qualidade em produtos e serviços. São Paulo: Pioneira, 1992.

KANTER, R. M. *Super corp*: how vanguard companies create innovation, profits, growth and social good. Nova York: Crown Business, 2009.

KATZ, D.; KAHN, R. L. *Psicologia social das organizações*. 2. ed. Rio de Janeiro: Atlas, 1975.

KOCH, R.; GODDEN, I. *Managing without management*: a post--management manifesto for business simplicity. Londres: Nicholas Brealey Publishing, 1999.

KOTLER, P.; KELLER, K. *Marketing management*. 14. ed. (e-book). Hoboken: Pearson Education, 2012.

KOUZES, J. M.; POSNER, B. Z. *O desafio da liderança*. 3. ed. Rio de Janeiro: Elsevier, 2003.

KUGEL, S. "Um fim de semana em Istambul por US$ 100". *O Estado de S. Paulo*, São Paulo, 18 ago. 2011.

KUHN, T. *A estrutura das revoluções científicas*. 7. ed. São Paulo: Perspectiva, 2003.

LIKERT, R. *New patterns of management*. Nova York: McGraw-Hill, 1961.

LONELY PLANET TURKEY. Disponível em: <https://www.lonelyplanet.com/turkey>. Acesso em: 20 jul. 2022.

LOPES, L. "Delícias Turcas." Postado em 1º jun. 2008. Disponível em: <http://cozinhaturca.blogspot.com/2008/06/

PASSAPORTE PARA O FUTURO | 315

delcias-turcas-turkish-delight-lokum.html>. Acesso em: 12 ago. 2011.

_____. "Sobre a cozinha turca". Postado em 4 set. 2007. Disponível em: <http://cozinhaturca.blogspot.com/2007/09/sobre-cozinha-turca.html>. Acesso em: 12 ago. 2011.

MALATYA CITY GUIDE. Disponível em: <http://www.bookturkeytours.com/travel-guide/Malatya.html>. Acesso em: 15 ago. 2011.

MARIOTTI, H. *Pensamento complexo*: suas aplicações à liderança, à aprendizagem e ao desenvolvimento sustentado. São Paulo: Atlas, 2007.

MARSIGLIA, I. "Os Lunáticos de Sobral". *O Estado de S. Paulo*, 24 jul. 2009.

MASLOW, F. *Motivation and personality*. Nova York: Harper, 1954.

MATURANA, H. *Cognição, ciência e vida cotidiana*. Belo Horizonte: UFMG, 2001.

MAYO, E. *The social problems of an industrial civilization*. Oxford: Routledge and Kegan Paul, 1949.

McGREGOR, D. *O lado humano da empresa*. São Paulo: Martins Fontes, 1980.

MINTZBERG, H.; LAMPEL, J.; QUINN, J.; GHOSHAL, S. *O processo da estratégia*: conceitos, contextos e casos selecionados. 4. ed. Porto Alegre: Bookman, 2003.

MORGAN, G. *Imagens da organização*: edição executiva. 2. ed. São Paulo: Atlas, 2007.

MORIN, E. *Introduction à la pensée complexe*. Paris: ESF Éditeur, 1990.

MUSSAK, E. *Gestão humanista de pessoas*. Rio de Janeiro: Campus/Elsevier, 2010.

PAGLIUSO, A. T.; CARDOSO, R. *Gestão organizacional*: passado, presente e futuro em tecnologia industrial básica — trajetória, tendências e desafios no Brasil. Brasília: MCT — Ministério da Ciência e Tecnologia, 2005.

PIÑUEL, I. *Neomanagement*: jefes toxicos y sus victimas. Barcelona: Debolsillo, 2006.

PORTER, M. *Estratégia competitiva*. Rio de Janeiro: Campus, 2005.

PRAHALAD, C. K.; RAMASWANY, V. *O futuro da competição*. Rio de Janeiro: Campus, 2004.

RH.COM.BR. Frases inspiradoras. Disponível em: <http://www.rh.com.br/Portal/frases.php>. Acesso em: 10 ago. 2011.

SCHEIN, E. *Organizational culture and leadership*. 3. ed. São Francisco: Jossey-Bass, 2004.

SCHUMPETER, J. A. *Capitalismo, socialismo e democracia*. Rio de Janeiro: Zahar, 1984.

SENGE, P. *The fifth discipline*: the art & practice of the learning organization. Nova York: Doubleday, 1990.

_____; OTTO SCHARMER, C.; JAWORSKI, J.; FLOWERS, B. S. *Presença*: propósito humano e o campo do futuro. São Paulo: Cultrix, 2007.

_____; SMITH, B.; KRUSCHWITZ, N. "The next industrial imperative". *Strategy + Business*, n. 51, jun. 2008.

SOUZA, C. *Cartas a um jovem líder*. Rio de Janeiro: Elsevier, 2010.

_____. *O caminho das estrelas*. Rio de Janeiro: Sextante, 2008.

_____. *O momento da virada*. São Paulo: Gente, 2004.

PASSAPORTE PARA O FUTURO | 317

_____. *Superdicas para conquistar e fidelizar clientes*. São Paulo: Saraiva, 2009.

_____. *Talentos & clientividade®*. Rio de Janeiro: QualityMark, 2000.

_____. *Você é do tamanho dos seus sonhos*. São Paulo: Gente, 2003; Rio de Janeiro: Agir, 2009.

_____. *Você é o líder da sua vida?* Rio de Janeiro: Sextante, 2007.

SROUR, R. H. *Poder, cultura e ética nas organizações*. Rio de Janeiro: Campus, 1998.

TAYLOR, F. *Princípios de administração científica*. São Paulo: Atlas, 1995.

TONN, J. C. *Mary Parker Follett* — creating democracy, transforming management. New Haven: Yale University Press, 2003.

VAN DER AALST, W. M. P.; DREILING, A.; GOTTSCHALK, F.; ROSEMANN, M.; JANSEN-VULLER, M. H. Configurable process models as a basis for reference modeling. *Proceedings of the 3rd. International Conference on Business Process Management* (BPM), Nancy (França), p. 1-15, set. 2005.

VASCONCELLOS, J. *Recados da bola*: depoimentos de doze mestres do futebol brasileiro. São Paulo: Cosac Naify, 2010.

VIANNA, L. W. Quando o passado deixa de iluminar o futuro. *O Estado de S. Paulo*, 27 ago 2011.

VOLLMANN, T. E. *The transformation imperative: achieving marketing dominance through radical change*. Boston: Harvard Business School Press, 1996.

318 | CÉSAR SOUZA

VON BROCKE. Design principies for reference modeling. In: FETTKE, P.; LOOS, P. (ed.). *Reference modeling for business ystems analysis*. Hershey: Idea Group Publishing, 2007.

WEBER, M. *A ética protestante e o espírito do capitalismo*. 4. ed. São Paulo: Pioneira, 1985.

WEICK, K. E.; SUTCLIFFE, K. M. *Managing the unexpected*: assuring high performance in an age of complexity. San Francisco: Jossey-Bass, 2003.

WELLS, C. *De Bizâncio para o mundo*. Rio de Janeiro: Bertrand Brasil, 2006.

WOOD JR., T.; URDAN, F. T. Gerenciamento da qualidade total: uma revisão crítica. In: WOOD JR., T. (coord.) *Mudança organizacional*. 4. ed. São Paulo: Atlas, 2004.

YANO, C. Uma bactéria *sui generis*. *Ciência Hoje*, Rio de Janeiro, 3 out. 2005.

best.
business

Este livro foi composto na tipografia Palatino LT Std,
em corpo 11/16, e impresso em papel off-white no Sistema
Cameron da Divisão Gráfica da Distribuidora Record.